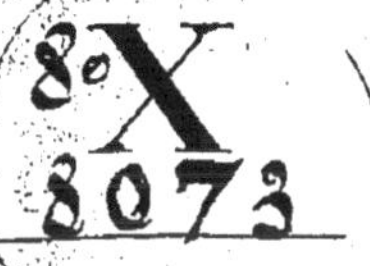
8° X 8073

AF611748

J. M. J.

EXERCICES FRANÇAIS

COURS MOYEN

CLASSES DE HUITIÈME ET DE SEPTIÈME

Par S. M.

BAR-LE-DUC
IMPRIMERIE DE L'ŒUVRE DE SAINT-PAUL

1896

Tous droits réservés.

J. M. J.

EXERCICES FRANÇAIS

COURS MOYEN

CLASSES DE HUITIÈME ET DE SEPTIÈME

BIBLIOTHÈQUE NATIONALE R.F. IMPRIMÉS

Par S. M.

BAR-LE-DUC
IMPRIMERIE DE L'ŒUVRE DE SAINT-PAUL

1896

Tous droits réservés.

8° X
8073

EXERCICES FRANÇAIS

COURS MOYEN

PARTIE PRÉLIMINAIRE

REMARQUES SUR L'ANALYSE [1].

1. *Analyser* veut dire *décomposer* et *examiner* en détail.

L'*analyse,* en terme de grammaire ou de littérature, a pour but d'étudier un à un les éléments d'une proposition, d'une phrase, d'un morceau ou d'un ouvrage, pour se rendre compte des idées qui y sont exprimées, de la forme dont elles sont revêtues et des liens qui les unissent.

L'analyse dont il est ici question recherche la *nature* et le *rôle* des *mots* et des *propositions.*

On appelle **analyse grammaticale** celle qui traite de la *nature,* de l'*espèce* et de la *fonction* des mots, et **analyse logique** celle qui recherche la *nature,* l'*espèce* et le *rôle* des propositions.

CHAPITRE I

ANALYSE GRAMMATICALE

§ I. — Remarques sur les différentes espèces de mots.

A. **Nom.**

2. On distingue en analyse le nom commun, le nom propre, le nom composé et le nom collectif.

3. Le nom peut être :

a) *Sujet.* Ex. : Les *cieux* racontent la gloire de Dieu.

b) *Mis en apposition.* Ex. : Henri IV, *roi* de France. *Œuvre* de Jésus-Christ, l'Eglise est immortelle comme son Chef.

(1) *N. B.* — Les exercices d'analyse se trouvant disséminés dans tout l'ouvrage, on a cru devoir mettre en tête les remarques qui les concernent.

c) Complément déterminatif. Ex. : La puissance et la sagesse de *Dieu* se manifestent dans toutes les parties de l'*univers*.

d) Attribut. Ex. : La France est notre *patrie.*

e) Complément direct. Ex. : Le pêcheur aime la *mer.*

f) Complément indirect. Ex. : Que de maux ont été causés par le *péché* d'Adam et d'Eve!

g) Complément circonstanciel. Ex. : Avec la *boussole* il est aisé de se diriger sur la *mer.*

4. Le nom n'a généralement qu'une seule espèce de complément, le complément déterminatif. Cependant certains noms peuvent avoir des compléments indirects et des compléments circonstanciels, comme les adjectifs et les verbes qui en dérivent ou dont ils sont formés. Ex. : A son départ de Rome. Son retour en France. Le massacre des missionnaires par les Chinois. Son aptitude pour la musique. Leur ignorance en matière de religion. Le courage dans le malheur et la modération dans la prospérité sont choses rares.

B. **Article.**

5. On peut distinguer l'*article défini*, **le, la, les,** et l'*article indéfini*, **un, une, des,** que beaucoup de grammairiens appellent aussi adjectif indéfini.

6. L'*article défini* a trois formes : il peut être *simple, élidé*, ou *composé* (ou *contracté*). Ex. : Le soleil, l'homme, du nord au sud.

7. L'*article indéfini* s'appelle *article partitif* quand le nom auquel il est joint désigne des choses qui ne se comptent pas. Ex. : Du courage, de la viande, de bon pain.

REMARQUES. — I. Ne confondez pas DES *art. contr.* avec DES *adj. ind.* : ce dernier est synonyme de *plusieurs, quelques, certains*, et fait au singulier *un* ou *une*. Ex. : Des fleurs variées émaillent l'herbe des prairies.

II. De même, il faut distinguer DU, DE LA, art. composés, de DU, DE LA, art. partitifs : ces derniers signifient *un peu de, une certaine quantité de.* Ex. : Les qualités du vin. Boire du vin. Le prix de la viande. Manger de la viande.

III. Quand l'article partitif *du, de la* et l'article indéfini *des* sont suivis d'un adjectif, ou accompagnés d'une négation, ils se remplacent par *de.* Ex. : Nous mangeons de bons fruits, de bonne viande. Il n'a pas d'amis, — de prudence, — de volonté.

C. **Adjectif.**

8. Les adjectifs se divisent en deux grandes classes : ils sont *qualificatifs* quand ils se joignent au nom pour en exprimer une qualité, une manière d'être. On les appelle *déterminatifs* quand ils déterminent, c'est-à-dire *restreignent* et *précisent* la signification du nom.

9. L'adjectif qualificatif peut être *épithète* ou *attribut*. Il est *épithète* quand il se joint directement au nom qu'il qualifie. Ex. : L'enfant *docile* et *studieux* sera récompensé.

10. Il est *attribut* quand il est rattaché par un verbe au mot auquel il se rapporte. Ex. : Cet enfant est *docile* et *studieux*.

Remarques. — I. Dans la pratique on se contente de désigner les adjectifs déterminatifs par le nom de l'espèce à laquelle ils appartiennent. Ainsi l'on dit : Adj. num., adj. ind., au lieu de : Adj. déterm. num., adj. dét. ind.

II. *Un, une* sont des adjectifs numéraux cardinaux quand ils ont le sens de *un seul, une seule*. Ex. : *Un* Français luttait contre dix Allemands (en latin *unus*).

III. Parfois l'adjectif numéral cardinal a le sens et remplit la fonction d'un adjectif numéral ordinal. Ex. : Il est parti le cinq juillet, à trois heures (c'est-à-dire le cinquième jour du mois de juillet, à la troisième heure). — Henri IV, page vingt-cinq (c'est-à-dire Henri le quatrième, page vingt-cinquième).

IV. Les mots *plusieurs, nul, aucun, tel, tout*, etc., sont pronoms indéfinis quand ils sont employés seuls et qu'ils remplissent le rôle d'un nom. Ex. : *Tel* rit aujourd'hui qui pleurera demain. *Nul* n'est parfait... Ils sont adjectifs indéfinis quand ils accompagnent un nom ou un pronom. Ex. : *Tous* ceux qui... ; *tel* auteur ne se fait *aucun* scrupule...

D. Pronom.

11. Le pronom tient la place du nom : il doit donc aussi en remplir toutes les fonctions.

12. Pour analyser le pronom, on en indique l'espèce, la personne, le genre et le nombre. Ex. : L'enfant dont vous avez admiré l'heureux caractère. Dont | pron. rel. ou conj., 3e p. masc. sing., compl. dét. de caractère. — A pour antécédent enfant.

E. Verbe et Participe.

13. Dans l'analyse du verbe on en signale l'espèce, la personne, le nombre, le mode et le temps.

14. Ne confondez pas le verbe passif avec le verbe neutre se conjuguant avec l'auxiliaire *être*. Deux caractères les distinguent surtout : *a*) le participe passé du verbe passif peut s'employer activement, mais non celui du verbe neutre ; *b*) le sujet du verbe passif ne fait jamais l'action exprimée par le verbe. Ex. : Il est parti (v. n.), il est aimé (v. pas.). — On peut dire aimer quelqu'un, quelque chose, mais non partir, etc.

15. Ce qui distingue le verbe réfléchi, c'est que l'action exprimée par ce verbe est à la fois faite et soufferte par le même être. Celui-ci est donc en même temps sujet et complément. Ex. : Ce mot *se trouve* dans Phèdre. *Se trouve* n'est pas un verbe réfléchi proprement dit, mais une sorte de gallicisme qui a le sens de *est trouvé* et qui se traduirait en latin par le passif.

16. Certaines formes des verbes présentent quelques particularités pour l'analyse. Ce sont l'*infinitif*, le *participe* et les *temps composés*.

17. L'infinitif joue souvent le rôle de substantif. Ex. : Affirmer n'est pas prouver. (Affirmer est sujet et prouver est attribut.)

18. Les *participes passés* ainsi que les participes présents employés comme *adjectifs verbaux*, s'analysent comme les adjectifs et sont épithètes ou attributs. Ex. : Il voguait sur les flots *irrités* et *mugissants*.

19. Le *participe présent* remplace souvent un verbe à un mode personnel accompagné d'une conjonction. Il tient alors lieu d'une proposition. Ex. : Jésus, sachant que son heure était venue... (Comme il savait que son heure était venue, Jésus...) Dieu aidant, nous réussirons (Si Dieu nous aide...)

20. Dans les temps composés, on n'analyse pas comme attribut le *participe passé* accompagné de l'auxiliaire *être*, mais on considère comme verbe les deux mots réunis. Ex. : Il est aimé, il aurait été loué.

F. **Mots invariables.**

21. Pour éviter de confondre les adverbes, les prépositions et les conjonctions, rappelez-vous les remarques suivantes :

L'*adverbe* se joint à un adjectif, à un verbe, à un participe ou à un autre adverbe dont il modifie l'idée.

La *préposition* se trouve toujours devant un régime ; elle marque le rapport entre ce régime et le mot qu'il complète. Ex. : *Par les explications que nous lui avons données, il a compris que... Par* marque le rapport entre *a compris* et *explications*.

Remarque. — Souvent les prépositions sont simplement explétives ou euphoniques. Ex. : Il aime à lire, il désire de savoir, la ville de Paris, c'est un péché de mentir, il est beau de se vaincre, le fleuve du Rhône, etc.

22. La *conjonction* sert à unir des mots ou des propositions de même espèce.

L'interjection est une exclamation jetée au milieu du discours, dont elle reste distincte.

§ II. — Remarques sur les différentes fonctions des mots.

23. Pour trouver la fonction d'un mot, il est nécessaire de bien poser la question. Il faut, en d'autres termes, que le mot dont on cherche la fonction soit remplacé dans la question par un mot interrogatif et se retrouve ensuite dans la réponse. On peut dire la même chose des propositions.

Ex. : L'univers, dont nous admirons la magnificence, chante la gloire de Dieu.

Fonction de *dont :* la magnificence de quoi ? de l'univers, représenté par dont. Dont est comp. déterm. de magnificence.

Fonction de *univers :* Qu'est-ce qui chante ? l'univers. Univers est sujet de chante.

A. **Sujet.**

24. Le sujet indique l'être qui fait l'action ou qui se trouve dans l'état exprimé par le verbe. Ex. : *J*'aime, *il* souffre, *nous* sommes.

Pour trouver le sujet, on cherche le verbe, avec lequel on fait les questions *qui est-ce qui ?* ou *qu'est-ce qui ?*

25. Le sujet peut être exprimé :

a) par un *nom*. Ex. : Le *lion* rugit.

b) par un *adjectif* ou un *participe* employés substantivement. Ex. : Les *malheureux* et les *délaissés* trouvent dans la vie du Christ les plus précieux encouragements.

c) par un *pronom*. Ex. : *Tel* rit aujourd'hui, qui pleurera demain.

d) par un *infinitif*. Ex. : *Mourir* m'est un gain, disait saint Paul.

e) par un mot *invariable* ou tout autre mot employés substantivement.

Ex. : Les *si* et les *par conséquent* embrouillent la phrase.

Un *tiens* vaut mieux que deux *tu l'auras*.

f) par une *proposition*. Ex. : Il me semblait que la terre se dérobait sous mes pas. (Le *sujet* est toute l'idée exprimée par la proposition « que la terre se dérobait sous mes pas ».)

g) par plusieurs mots formant une idée complète. Ex. : *Etre meilleurs ou pires* dépend de nous ; tous le reste dépend de Dieu. (Joubert.) *Une foule de soldats* se précipitèrent à l'assaut. *Quelques longs mois qui* se soient écoulés depuis notre départ...

B. **Nom mis en apposition.**

26. On appelle ainsi le nom qui se joint immédiatement à un autre pour désigner le même être. Ex. : Le roi *Henri* IV. Cicéron, *consul.*

27. Les mots qui complètent le nom peuvent s'y joindre :

1° sans l'intermédiaire d'un autre mot. Ce sont l'*épithète* et le *nom mis en apposition*. Ex. : L'*illustre* et *saint* roi *Louis* IX ;

2° par le moyen des mots *de, du, de la, des.* Ce sont le complément déterminatif, le compl. indir. et le compl. circonst. Ex. : Les feuilles de l'*arbre*. Le traitement par l'*électricité*. A mon retour d'*Italie ;*

3° par le moyen d'un verbe, ce qui a lieu pour l'attribut. Ex. : Cet élève est, — devient, — est réputé, — se croit *studieux.*

28. Les mots *de, du, de la, des* n'empêchent pas l'apposition quand ils sont purement explétifs et qu'ils peuvent se tourner par *qui s'appelle*. Ex. : La ville de Rome ; le fleuve du Rhône, de la Loire ; les montagnes des Alpes.

Remarque. — Dans les langues qui ont des déclinaisons, les mots mis en apposition se mettent au même cas que le nom ou le pronom auquel ils se rapportent.

C. **Complément déterminatif.**

29. C'est le complément du nom. Il est ainsi appelé parce qu'il détermine, c'est-à-dire *restreint* et *précise* l'idée exprimée par le nom.

Ainsi, quand je dis : *L'espérance nous console dans les peines,* les mots *espérance* et *peines* sont employés dans un sens tout à fait général, indéterminé. Mais si je dis : *L'espérance des joies éternelles nous console dans les peines de cette vie,* je donne aux mots *espérance* et *peines* un sens plus restreint, j'en détermine et en précise la signification.

30. Le complément déterminatif peut être exprimé : *a*) par un *nom* (le livre de *Pierre*) ; *b*) par un *pronom* (Dieu, *dont* la Providence gouverne toutes choses) ; *c*) par un *adjectif* ou un *participe* employés substantivement (les souffrances des *pauvres* et des *délaissés*...) ; *d*) par un *infinitif* (le temps de *lire*) ; *e*) par un *mot invariable* (la force d'un *pourquoi*).

Remarque. — Le complément déterminatif se traduit par le génitif.

31. Ne confondez pas le complément déterminatif avec le nom mis en apposition. Ex. : la ville { les murs } de Rome, la province { les collines } de Normandie, le pays { les vins } de France. Ainsi, l'on peut dire :

la ville } qui s'appelle { Rome,
la province } qui s'appelle { Normandie,
le pays } qui s'appelle { France,

ce qui est impossible pour les trois autres expressions.

D. **Attribut.**

32. On appelle ainsi tout mot qui exprime une qualité, une manière d'être, et qui se rattache par le moyen d'un verbe au mot qu'il complète.

33. Ainsi l'attribut peut être exprimé par un nom, un adjectif, un pronom, un infinitif, un participe, un mot invariable ou une expression. Ex. : Dieu est le *maître*. Si vous êtes *riche*, je ne *le* suis pas. La bataille est *gagnée*. La vigne est *en fleur*. Ce vase est d'argent. Affirmer n'est pas *prouver*.

Il peut se rapporter au sujet ou au complément et se rencontrer après toute espèce de verbes.

34. Il se distingue de l'épithète et de l'apposition en ce que le verbe lui sert de lien, tandis que celles-ci sont jointes immédiatement au mot auquel elles se rapportent.

Ainsi, dans les phrases : *L'élève laborieux sera récompensé; Henri IV, roi de France, fut un des souverains les plus populaires*, **laborieux** est épithète et **roi** est apposition. Mais ces deux mots sont attributs dans les phrases suivantes :

L'élève est laborieux.	Il fut roi.
— devient —	Il devint, — resta, — cessa d'être roi.
— est réputé —	Il fut nommé, — proclamé roi.
— se croit —	Il se montra vraiment roi.
On le croit laborieux, etc.	On le nomma roi, etc.

Rem. — I. En analyse grammaticale, on ne considère pas comme attributs les participes passés des verbes passifs, ni ceux des verbes neutres conjugués à un temps composé. Ainsi, *il sera récompensé, il est mort*, **sera récompensé** et **est mort** forment simplement le verbe.

II. Parfois, avec un verbe actif, on est exposé à confondre l'apposition avec l'attribut. Dans ce cas, on tourne par le passif. Ex. : *Ils trouvèrent Jésus interrogeant et répondant aux questions.* (**Interrogeant** et **répondant** sont des attributs, car en tournant par le passif on aurait : Jésus fut trouvé interrogeant...)

Ils rencontrèrent Henri, roi de France. — (**Roi** est apposition d'Henri, car on dirait : Henri, roi de France, fut rencontré.) — Ils nommèrent Henri roi de France, (roi est attribut, car on dirait : Henri fut nommé par eux roi de France).

Ces derniers exemples démontrent clairement qu'il n'y a d'attribut que lorsque le verbe sert de lien.

III. En latin, l'attribut s'accorde avec le mot auquel

il se rapporte (en genre, en nombre et en cas si c'est un adjectif ou un participe, en cas seulement si c'est un nom ou un pronom).

E. **Complément direct.**

35. Il désigne l'être qui subit l'action exprimée par le verbe actif. — Pour le trouver, on fait suivre le verbe des mots interrogatifs *qui?* ou *quoi?*

36. Le complément direct peut être exprimé : *a*) par toute espèce de mots. Ex. : J'aime *Dieu.* Il aime *à jouer*, etc. ;

b) par une proposition. Ex.: Je crois *que Dieu est saint.*

Rem. — En latin, cette proposition s'appelle *infinitive* (je crois Dieu être saint), et son sujet se met à l'accusatif.

F. **Complément indirect.**

37. C'est le complément de l'adjectif, du verbe et du participe. Il s'annonce par les prépositions *à, de, par.* Ex. : avide de *louanges*, nuire à la *santé*, aimé de *Dieu*, persécuté par les *méchants.*

G. **Complément circonstanciel.**

38. Il se rapporte, comme le précédent, à l'adjectif, au verbe et au participe.

Les différentes circonstances qu'il exprime sont :

a) la *manière.* Ex. : lutter *avec beaucoup de courage;*

b) le *temps.* Ex. : Il viendra dimanche. Il a régné trois ans. Il a fait cela en trois jours ;

c) le *lieu.* Ex. : Il est né à Athènes. Je vais à Rome. Je reviens de France. J'ai passé par l'Italie ;

d) la *cause.* Ex. : Il est mort de faim ;

e) le *but.* Ex. Je suis venu pour vous voir ;

f) la *condition.* Ex. : Dieu aidant, nous réussirons ;

g) la *concession.* Ex. : Malgré son habileté, — quelle que fût son habileté, il a vu échouer son entreprise ;

h) la *partie.* Ex. : Je tiens le loup par les oreilles ;

i) l'*instrument.* Ex. : Frapper de l'épée, — du bâton.

Rem. — En latin, le complément circonstanciel se met généralement à l'*ablatif.*

§ III. — Quelques difficultés.

39. Un des plus grands écueils de l'analyse est de n'examiner que la *forme* des expressions ou des phrases, la *place* des mots, etc. Pour éviter une foule de fautes, il suffit de chercher le *sens précis* et *complet.* Voici quelques conseils à ce sujet :

I. *Supprimer les inversions* en rétablissant la construction régulière. Ex. : Il est tombé de la neige, (de la neige est tombée). — On me l'a dit, (on a dit cela à moi).

II. *Eliminer* les *pléonasmes* et les *mots explétifs*. Ex. : Il aime à lire (il aime lire). — Il est nécessaire de réfléchir (réfléchir est nécessaire).

III. Compléter les *expressions* et les *phrases elliptiques*. Ex. : Plus fait douceur que violence (*ne fait*). — Aimez votre prochain comme (*vous vous aimez*) vous-même. — Combien de temps a-t-il été malade? — (*Il a été malade pendant*) trois semaines. — Le cèdre est le plus majestueux (*arbre*) des arbres. — J'ai un cheval meilleur que le vôtre (*n'est bon*).

IV. Quand avec un *nom collectif* l'accord du verbe a lieu, par syllepse, avec le complément du collectif, on considère l'expression entière comme sujet. Ex. : *Une foule de soldats* se précipitèrent à l'assaut.

V. Quand il se rencontre des *gallicismes*, on les supprime en les remplaçant, s'il y a lieu, par des tournures équivalentes. Ex. : Est-ce que vous avez appris la nouvelle qu'on vient de nous apporter ? *Tournez :* Avez-vous appris la nouvelle qu'on nous a apportée tout récemment ? — Vous auriez beau réclamer. *Tournez :* Vous réclameriez vainement. — Ce qui donne à la vertu son plus bel éclat, c'est la souffrance. *Tournez :* La souffrance donne à la vertu son plus bel éclat.

VI. Expression *quelque que*. Le redoublement de *que* est un pléonasme vicieux dont on ne tient pas compte en analyse. Ex. : Quelque grandes que soient ses qualités... (*quelque,* adv. mod. grandes ; *grandes,* attrib. de qualités ; *que,* conj.) Quelques rares qualités qu'il possède... (Il possède de rares qualités... *quelques rares qualités que,* compl. dir. logique de possède.) Quelques longs mois qui se soient succédé... (De longs mois se sont succédé... *Quelques longs mois qui,* sujet logique de se soient succédé.)

VII. *Faillir.* Il a failli périr. *Tournez :* Il a presque péri.

Faire. Il ne fait que jouer. *Tournez :* Il joue continuellement.

Il fait beau. *Tournez :* Il (Le temps) est beau.

Il ne fait que d'arriver. *Tournez :* Il est arrivé à l'instant.

Autre exemple. Ainsi dit le renard, et flatteurs d'applaudir (La Font.); (et les flatteurs applaudirent aussitôt).

Eux repus, tout s'endort, les petits et la mère (La Font.);

eux repus, propos. participe faisant l'office de comp. circ. de temps et signifiant : Après qu'ils furent repus...

J'ai entendu dire cela à mon père. *Tournez :* J'ai entendu mon père dire cela ou disant cela.

A tout prendre, il vaut mieux se taire. *Tournez :* Si l'on considère tout...

CHAPITRE II

ANALYSE LOGIQUE

40. Une *idée* est la représentation ou l'image de quelque chose dans notre esprit.

41. Un *jugement* est une opération par laquelle l'esprit compare deux idées et affirme qu'elles se conviennent ou ne se conviennent pas.

42. Ce jugement s'énonce par le moyen d'une **proposition.** La *proposition* a trois termes : le sujet, le verbe et l'attribut.

43. L'**attribut** est le mot qui exprime une qualité, une manière d'être.

Le **sujet** désigne l'être auquel convient ou ne convient pas cette qualité.

Le **verbe** est le mot qui sert de lien entre le sujet et l'attribut.

44. Les mots qui complètent l'idée du sujet et de l'attribut forment avec eux un sujet ou un attribut logique. Quand il y a plusieurs sujets ou plusieurs attributs, on les appelle **composés.** Ils sont **complexes** lorsqu'ils sont accompagnés d'un complément (1).

45. En analyse logique, il n'y a qu'un verbe, le verbe substantif, ou verbe **être.** Lorsque, au lieu d'être exprimé, il est renfermé dans le verbe attributif, on décompose ce dernier en le mettant au participe présent, et en le faisant précéder du verbe *être* au même temps que le verbe attributif. Mais dans la pratique on peut se dispenser de décomposer ainsi, surtout quand il est question de verbes neutres et de verbes passifs accompagnés d'un attribut exprimé (il devient *savant,* — il est regardé comme *habile*).

(1) En analyse logique, on appelle complément du sujet ou de l'attribut tout mot, toute expression, toute proposition complétant l'idée du sujet ou de l'attribut.

46. Lorsqu'un ou plusieurs termes d'une proposition sont sous-entendus, celle-ci est dite **elliptique.**

47. L'analyse logique a pour but de rechercher le rôle des propositions. Pour cela elle fait resortir les idées qu'elles renferment et les liens qui les unissent.

48. On compte ordinairement autant de propositions dans une phrase qu'il y a de verbes à un mode personnel.

49. Cependant il fautregarder comme des propositions certaines expressions qui renferment un infinitif ou un participe pouvant être remplacés par un verbe à un mode personnel. Ex. : *Dieu aidant,* nous réussirons. *La ville prise,* l'ennemi la pilla; *le roi mort; tout compte fait;* il nous ordonne *de partir;* il croit *savoir;* il espère *partir bientôt.*

Différentes sortes de propositions.

50. I. — On appelle proposition **indépendante** celle qui ne dépend d'aucune autre. — Si elle en a d'autres sous sa dépendance, elle s'appelle **principale.** Dans ce cas, on sous-entend le mot *indépendante.*

Remarques. — 1° On comprend dans cette catégorie les propositions qui renferment un **infinitif** de narration, d'interrogation ou d'exclamation.

2° On appelle en général **dépendantes** toutes les propositions qui dépendent d'une autre, mais dans la pratique on néglige cette appellation.

51. II. — La proposition **incidente** (ou relative) est celle qui se rapporte à **l'un des termes** (sujet ou attribut) de la proposition, par le moyen du **pronom relatif.** On distingue :

a) **Incidente déterminative,** qui **restreint,** précise le sens du terme auquel elle se rapporte. **On ne peut la retrancher** sans dénaturer le sens de la phrase. Elle est mise le plus souvent pour une *épithète,* ou pour un *complément déterminatif,* et répond aux questions : *quel, quelle espèce, quelle catégorie?* Elle ne doit pas être précédée de la virgule.

b) **Incidente explicative,** qui **ne restreint pas** le sens du terme auquel elle se rapporte, mais le complète par des développements **non nécessaires.** Elle équivaut ordinairement à une *apposition* ou à un *complément circonstanciel.* Elle est toujours entre deux virgules.

52. III. — **Subordonnée** (ou conjonctive), quand elle se rapporte non à un terme, mais à la proposition tout entière. Elle dépend du **verbe** attributif par le moyen d'une **conjonction de subordination**. On distingue :

a) **Subordonnée complétive, indispensable** au sens de la proposition dont elle dépend, parce qu'elle forme logiquement le sujet, le compl. dir. ou le compl. indir. du verbe auquel elle se rattache (en latin proposition infinitive, proposit. subjonct., interrogat. indir.).

Remarques. — 1° A cette catégorie appartiennent la plupart des propositions infinitives.

2° Certaines propositions qui dépendent d'une expression unipersonnelle et qui paraissent en être le complément dir. en sont en réalité le sujet logique. Ex. : *Il est nécessaire que vous sachiez. — Il importe que vous luttiez. — Il est évident que...*, etc.

b) **Subordonnée circonstancielle, non indispensable** au sens de la proposition dont elle dépend, puisqu'elle forme le complément circonstanciel du verbe.

Remarques. — 1° Appartiennent également à cette catégorie : les **propositions participes** (Dieu aidant), ainsi que celles où se rencontrent les expressions *quelque... que... — tant... que — et... que,* etc., car ces locutions peuvent se tourner souvent par *quoique, parce que...*

2° Les propositions **comparatives** qui marquent égalité, infériorité, supériorité, insuffisance, excès, peuvent être rangées parmi les subordonnées complétives ou circonstancielles, suivant leur sens.

Autres remarques. — 1° Quand on rapporte les paroles de quelqu'un, on analyse les propositions qui expriment ces paroles sans tenir compte des expressions *il dit, je répondis, ils ajoutèrent,* etc. Lorsque ces expressions se trouvent intercalées dans le texte des paroles citées, elles s'appellent **propositions incises.**

2° On peut également appeler ainsi toute proposition entre parenthèses.

3° Plusieurs propositions de même nature qui se suivent sont dites **coordonnées.**

Il y a donc des indépendantes, des incidentes et des subordonnées coordonnées.

4° Dans la pratique, on peut omettre les termes *dépendante, incidente* et *subordonnée,* et se contenter de dire *déterminative, explicative, complétive* et *circonstancielle.*

PREMIÈRE PARTIE

CHAPITRE I

NOTIONS PRÉLIMINAIRES

53. *A.* Qu'est-ce que la *grammaire?*

Combien y a-t-il de *lettres* dans l'alphabet français?

Qu'est-ce qu'une *voyelle?* — une *consonne?* — une *diphtongue?* — une *syllabe?*

Comment appelle-t-on un mot d'une syllabe? — de deux, de trois, de plusieurs syllabes?

B. Souligner les diphtongues dans les mots suivants :

Lieu, ouailles, mouvoir, meunier, sauter, baie, vouloir, seuil, auguste, Dieu.

Combien distingue-t-on de parties dans un mot variable?

C. Citer dix mots d'une syllabe, huit de deux syllabes, six de trois syllabes, cinq de quatre syllabes, quatre de cinq syllabes, trois de six syllabes.

54. *A.* Qu'est-ce qu'on appelle *racine? — radical? — terminaison?*

Combien distingue-t-on de sortes de mots d'après leur formation?

Qu'est-ce qu'un mot *simple?* — un mot *composé?* — un mot *dérivé?*

Qu'appelle-t-on *préfixe? — suffixe?*

B. Souligner les préfixes et les suffixes dans les mots suivants :

Monticule, mortel, souffrance, démontrer, arriver, cordial, déraisonner, emmagasiner, éclairer, mécontentement, tressaillir, empoisonnement, marée, composition, religieux, verdoyant.

55. *A.* Qu'appelle-t-on *familles de mots?*

B. Grouper les mots suivants en quatre colonnes, en mettant dans la 1re les mots simples, dans la 2e les mots composés, dans la 3e les mots dérivés, et dans la 4e ceux qui sont à la fois dérivés et composés :

Grand, redire, diction, grandir, proposition, monter, bannir, agrandir, formalité, agrandissement, bon, beau, bonté, embellir, formation, mont, embellissement, surmonter, transformer, remonter, dire, bonnement, bannissement, long, poser, contredire, allonger, posé, promontoire, former, médire, monticule, proposer, forme, posément, transformation.

C. *Il* n'est, je *le* vois bien, *si poltron sur* la *terre*
Qui ne puisse trouver *un* plus poltron que *soi*.
(LA FONT.)

Analyser les propositions et indiquer la fonction des mots en italique.

56. Mettre dans un même alinéa les mots qui sont de la même famille, en faisant suivre chacun d'une des lettres *s.*, *d.*, *c.*, *dc.*, suivant qu'il est simple, dérivé, composé, ou à la fois dérivé et composé (1) :

Mont, muraille, récit, fortement, rang, genre, surmonter, fronton, génération, monter, front, mort, montagne, confort, démonter, mortel, réciter, général, monticule, mortifié, mur, frontière, récitation, immortel, compatriote, arranger, fort, murer, frontispice, fortifier, mortalité, effronté, régénérer, frontal, patrie.

57. *A.* Décomposer les mots suivants en indiquant le sens des préfixes :

Accroître, subdiviser, revenir, adjoindre, amphibologie, archiduc, affluer, bisannuel, apporter, disperser, transparent, disjoindre, amphithéâtre, cisalpin, trépied, compatir, contredire, corrélation, décacheter, comprendre, collatéral, corroborer, commotion, désosser, désobéir, desservir, dédire, difficile, égrener, disgracieux, ébruiter, difforme, éhonté, éclore, effeuiller, emmener, immense, irréfléchi, entrevue, rajeunir, entresol, impair, illisible, intervenir, juxtaposer, récrire, médire, opposer, messéant, parfaire, mésaventure, soucoupe, perforer, péricarde, prévaloir, prédire, pressentir, projet, transplanter, soutenir, projection, surface, trépasser, surcharger, transalpin.

B. **Analyse.**

L'existence de Dieu.

Enfants, il est *un Dieu :* les cieux chantent sa *gloire;*
Le firmament redit l'ouvrage de ses *mains;*
Tout de son *nom* divin conserve la mémoire,
Il est surtout gravé dans le *cœur* des *humains*.
(HURAULT.)

a) Indiquer l'espèce de chaque verbe.
b) Fonction des mots en italique.

(1) On engage à faire faire d'abord oralement la plupart des exercices d'invention et d'étymologie.

C. Décomposer les verbes attributifs suivants :

Travaillez. Dieu nous jugera. Quand êtes-vous arrivé? Partirez-vous demain? Si nous pensions sans cesse que Dieu nous voit, la vertu nous deviendrait facile. Croyez-vous que j'aie oublié vos bienfaits?

58. *A.* Qu'appelle-t-on **homonymes? synonymes? paronymes?**
Grouper par synonymes les mots suivants :

Faîte, plage, clémence, fier, miséricorde, sommet, altier, bonté, brillant, côte, voie, cime, hautain, chemin, resplendissant, route, lourd, sentier, éclatant, pesant, grève, massif, rivage.

B. Qu'est-ce qu'une **épithète?**
Ajouter une épithète convenable à chacun des mots suivants :

Forêt, mer, cœur, prairie, ciel, travail, conscience, arbre, fleur, courage, piété, mort.

C. Fut. s., 2e pers. sing. :

Courir, savoir, conquérir, accueillir, avouer, répartir, s'apitoyer, s'asseoir, assaillir, se récrier, pouvoir, se prévaloir.

D. **Analyse.** Comment appelle-t-on le complément du nom? Qu'est-ce qu'une apposition? Dire par quelles espèces de mots peuvent être exprimés le sujet, — l'attribut, — le complément direct, en donnant un exemple pour chaque cas.

59. *A.* Quand est-ce qu'un mot est employé **au propre? — au figuré?**

1° Copier dans l'alinéa suivant les mots employés au figuré. — 2° Former des phrases ou des expressions où ces mêmes mots soient employés au propre :

Langue de terre; lever du soleil; rideau de verdure; banc de sable; conscience élastique; on l'a porté aux nues; le bras de Dieu est tout-puissant et son œil voit tout; sombres pensées; paysage riant; jeune homme poli; dévorer son chagrin.

B. Qu'est-ce qu'une **périphrase?**
Remplacer la périphrase par le terme simple :

La Pucelle d'Orléans; l'inventeur de l'imprimerie; le peuple de Dieu; le captif de Sainte-Hélène; la vierge de Domremy; le Céleste Empire; les anges déchus; la capitale de la France; le chevalier sans peur et sans reproche; l'aigle de Meaux; le roi des airs; la Ville éternelle.

C. Indiquer les **familles de mots** de :

Serf, mont, dur, lier.

60. *A.* Compléter par un adjectif ou un nom le sens des homonymes suivants :

Lacs, lacs. — Lie, lis, lit. — Sain, saint, sein, seing. — Saut, sceau, seau, sot. — Ver, verre, vers, vert. — Cène, saine, Seine, scène.

B. **Analyse.**

L'Orange.

Un jeune enfant mordit dans une *orange :*
« *Oh!* s'écria-t-il en courroux,
Le maudit fruit ! se peut-il qu'on *le* mange ?
Comme il est aigre ! on *le* prétend *si doux!*
— Faux jugement, lui répondit son père ;
Otez *cette écorce* légère,
Vous reviendrez de votre *erreur.* »
Ne jugeons pas toujours sur un dehors trompeur.

(Gaudy.)

Fonction des mots en italique.

C. Qu'est-ce qu'un **diminutif ?**

Former les diminutifs de :

Lacs, garçon, arbre, fille, maison, tonneau, cloche, île, lion, globe, animal, fleur, goutte, rue, mont, roi, âne, sac, lance, coq.

61. *A.* A quoi sert la **ponctuation ?**

Quel est le rôle de la virgule ? — du point-virgule ? — des deux points ? — du point ? — du point d'interrogation ? — du point d'exclamation ? — des points de suspension ? — du tiret ? — de la parenthèse ? — des guillemets ?

B. Mettre la ponctuation convenable :

La Diligence.

Clic clac clic holà gare gare
La foule se rangeait
Et chacun s'écriait
Peste quel tintamarre
Quelle poussière oh c'est un grand seigneur
C'est un prince du sang c'est un ambassadeur
La voiture s'arrête on accourt on s'avance
C'était la diligence
Et personne dedans
Du bruit du vide amis voilà je pense
Le portrait de beaucoup de gens

(Gaudy.)

CHAPITRE II

LE NOM OU SUBSTANTIF

62. *A.* Qu'est-ce que le *nom ?* — Qu'est-ce qu'un *nom commun ?* — un *nom propre ?* — un *nom concret ?* — un *nom abstrait ?* — un *nom composé ?* — un *nom collectif ?* — Combien y a-t-il de sortes de collectifs ?

B. Mettre dans la première colonne les noms *concrets,* dans la seconde les noms *abstraits,* dans la troisième les *collectifs généraux,* et dans la quatrième les *collectifs partitifs :*

Palais, vertu, une poignée d'hommes, art, la totalité des êtres, cristal, préjugé, livre, un groupe de citoyens, une foule de curieux, un amas de pierres, une nuée d'oiseaux, la foule des ingrats, plante, commandement, granit, science, meuble, oubli, la multitude des humains, arbre, fatigue, pauvreté, armée, justice, maison, un régiment de spahis, une chaîne de montagnes, la série des grands hommes, une nuée de javelots, une grêle de balles, la collection des tableaux de Rubens, une quantité d'œuvres d'art, un bouquet d'arbres, la masse des écoliers, un troupeau d'antilopes, la généralité des enfants, un essaim d'abeilles, une infinité de chefs-d'œuvre, une bande de voleurs, une file de chameaux.

C. Pluriel de :

Mal, essieu, pal, corail, ail, cal, vantail, licou, sénéchal, étau, mail.

D. Compléter par le son **o** bien orthographié, et mettre au pluriel :

—rm—, trum—, vieill—, rond—, brav—, artich—, trét—, sarr—, astic—, lint—, p—me, h—me, p—le.

E. Former de petites phrases ou des expressions où les mots **Paris** et **vertu** soient employés a) comme sujets, b) comme appositions, c) comme attributs, d) comme compl. dir., e) comme compl. indir., f) comme compl. circonst.

63. *A.* Genre de :

Hémisphère, antre, albâtre, cénotaphe, équerre, glu, rafale, panacée, arène, planisphère, armistice, haltère, pore, omoplate, préfixe.

B. Grouper les mots suivants par synonymes :

Rive, navire, flot, souffrance, barque cime, courage, douleur, bateau, sommet, esquif, torture, faîte, vaisseau, trait, lutte, flèche, vague, nacelle, bataille, rivage, bord, javelot, plage, combat, tourment, valeur, supplice, héroïsme.

C. Donner à chaque nom l'épithète convenable et mettre au pluriel, quand les adjectifs s'emploient au masc. pl. :

Bail, cheveu, vent, mot, cocher, entretien, ami, cheval, essieu. — Châtain, trivial, vieux, bai, banal, rompu, glacial, illégal, brutal.

D. Analyser les attributs :

Les enfants regardent parfois comme leurs ennemis ceux qui se montrent le plus dévoués à leurs vrais intérêts. Pour paraître vertueux, efforcez-vous de le devenir. Heureux ceux dont la conscience est pure ! Quelle source de délices seront pour nous, un jour, les peines et les travaux de cette vie !

64. *A.* Mettre au féminin :

Le chat est câlin, mais méchant comme un tigre. — Ce petit garçon est pâlot et chétif. — Les druides étaient des prêtres païens de la Gaule. Un grand nombre d'entre eux se disaient magiciens et prophètes. — Quel charmant écrivain que Mme de Sévigné ! — (Quel héros) que Jeanne d'Arc et Jeanne Hachette ! — Le gouverneur était fier et hautain, mais le prince s'est montré doux et bénin. — Un serviteur grognon exerce la patience de son maître. – Témoin de la brutalité de ce paysan, mon oncle et son compagnon l'en ont vertement réprimandé.

B. Genre de :

Antidote, asthme, érysipèle, nacre, esclandre, épave, obélisque, zénith, écritoire, platine, falot, hermine, apogée, silhouette.

C. Analyser les sujets :

Qu'importe au chrétien la vaine gloire du monde ? — Travaillez, prenez de la peine. — Il lui restait une dernière espérance. — Il y avait de hautes tours. — Il importe de réfléchir avant de parler. — Est-il rien de plus sublime que l'Evangile ?

65. *A.* Mettre au pluriel :

Le souriceau se blottit dans un trou. Il n'a pu assez admirer le grand portail et le principal vitrail de cette cathédrale. Le hibou se retire dans le trou d'un vieux mur, dans le caveau ou le comble des églises ou sous les (arceau) d'un antique château féodal. Le fanal est un grand flambeau destiné à guider le nautonier. Avec ce corail le joaillier a fait un magnifique bijou. Pour ferrer un cheval vicieux et rétif, le forgeron se sert d'un travail. Un soupirail rond s'appelle œil-de-bœuf. Un pal est un pieu aiguisé. Le sapajou est un animal de l'ordre des singes. Un essieu du landau s'est brisé. Quel oiseau as-tu pris avec ce gluau? Le bambou est un énorme roseau.

B. Genre de :

Mausolée, parafe, arrhes, ulcère, panégyrique, cratère, acanthe, hécatombe, camée, patère, suffixe.

C. Analyser les compl. dir. :

Vous croyez-vous donc meilleur que les autres? Si vous avez reçu des nouvelles, communiquez-les-moi. Aimez-vous les uns les autres, tel est le commandement formel que Jésus adresse à tous ceux qui veulent l'imiter. L'avez-vous convaincu ? Je ne pense pas. Qu'appelle-t-on plante exotique?

66. *A.* Pluriel de :

Cal, émail, bambou, vantail, nopal, licou, régal, fou, travail, sou, landau, tréteau, hibou, serval, verrou, œil-de-perdrix, ciel de tableau, hoyau, moyeu, aloyau.

B. Remplacer les épithètes par des compléments déterminatifs, et réciproquement :

Bonté de Dieu, découvertes de la science, mode parisienne, art culinaire, dignité d'évêque, de cardinal, cortège du président, lumière solaire, voix du ciel, climat bordelais, angevin, promenade nocturne.

C. Compléter par le son **o** bien orthographié :

M—s—lée, —m—plate, cerc—, my—s—tis, blair—, ém—, sur—, pâl—, tourt—, fal—, c—quelic—.

67. *A.* **Aïeul, ciel, œil, ail** (mettre au pluriel) :

Le — est le principal ornement de ce tableau. — Ce jardin renferme des — de toutes les espèces. — Le — de Nice et de Pau est fort recherché. — Le — -de-chat et le — -de-tigre servent à faire de magnifiques (joyau). — Avez-vous encore vos deux — ? — L' — malade est souvent larmoyant. — On distingue le — cultivé et le — sauvage. — Qu'appelle-t-on — de lit, — de carrière ? — Ses — remontent jusqu'au temps des croisades. — Le — publie la gloire de Dieu.

B. Indiquer le sens du **préfixe ad,** et le joindre aux mots suivants avec les transformations voulues (ac, ad, af, ag, al, an, ap, ar, as, at) :

Climat, faim, note, prêt, louer, tribut, long, front, léger, rive, trait, sujet, troupe, pauvre, faible, joint, croître, commode, mettre, franc, fil, prix, lait, ferme, fils, crédit, rang, sain, terre, table, sûr, proche, juger.

C. **Analyse.**

La renoncule et l'œillet.

La *renoncule,* un *jour, dans* un *bouquet,*
Avec l'œillet se trouva réunie :
Elle eut le *lendemain* le parfum de l'œillet.
On ne peut que gagner en bonne compagnie.
(BÉRENGER.)

Fonction des mots en italique.

68. *A.* Faire suivre les noms masculins du féminin correspondant, et réciproquement :

Pauvresse, biche, levrette, laie, jument, nièce, cane, pouliche, guenon, truie, servante, ambassadeur, bru, nègre, louve, vendeur, mule.

B. 1re pers. sing. pas. déf., fut. simple et subj. prés. :

Alléger, rejeter, acheter, employer, agréer, cueillir, tenir, pourvoir, épeler.

C. Indiquer le sens des **suffixes en aie et ière** et les joindre aux mots suivants avec les transformations voulues :

Houblon, châtaigne, osier, riz, pomme, aune, sapin, rose, coudrier.

D. Famille de mots de :

Voie, gros, mont, pas.

E. **Aide, aigle, amour :**

A la vue de son aire (renversé) et de ses aiglons tués, l' — (courroucé) fondit sur eux. — Jeanne d'Arc fut l' — providentielle et la libératrice de la France. — Son frère a été pour nous (un) — des plus (dévoué). — Dans sa défaite, Varus perdit plusieurs — (romain). — O ma patrie, objet de mes (premiers) — ! — Le papier grand — sert pour les cartes géographiques. — Le premier — est désintéressé. — Ce chevalier portait sur son écu (un) — (éployé) d'argent. — Tous nous avons besoin de l' — (continuel) des autres. — (Quel) — (dévoué) que cette garde-malade! — L' — noir que nous avons aperçu venait de ravir un agneau.

69. *A.* Ecrire dans un premier alinéa les mots dont l'**h** initiale est aspirée, et dans un second ceux qui l'ont muette :

Habit, hauteur, hache, hameçon, haine, hectare, haridelle, héritier, homme, humide, hibou, haie, halle, haricot, héros, hardes, hanneton, hirondelle, heure, hiver, horloge, hospice, héroïne, hangar, hameau, haillon, houille, hôte, hotte, houx, humeur, housse.

B. **Analyse.**

Si le *roi Louis XIV* avait su *résister* aux *flatteries* des *courtisans, il* est *probable* qu'il eût évité bien *des fautes* qui ont terni sa *gloire.*

C. Pluriel de :

Sérail, moyeu, licou, sarrau, festival, mail, alleu, rail, bercail, écrou.

D. Changer le nombre :

Je trace, nous cachetons, tu voyais, qu'ils pourvoient, j'allonge, vous essayez, qu'ils perçussent, ils convainquent, essuyez, épelez.

E. **Délice, orgue, hymne, couple, enfant, Pâques :**

(Quel) aide dans le malheur, qu'un — de vrais amis! — Zaïre! Nérestan! — ingrat, — affreux! (Volt.) — La lecture fait ses plus (cher) — . — Les (premiers) — qu'on ait (vu) en France furent (offert) à Pépin par l'empereur Constantin Copronyme. — Les (ancien) — de l'Eglise ont le mérite de la simplicité. — (Le grand) — de Fribourg est délicieux à entendre. — A la vue des aigles (romain), les légions entonnèrent (un) — (guerrier). — — est (tardif) cette année. — L'aîné de vos fils (au fém.) est un — plein d'intelligence. — (Un) — de pigeons suffit pour peupler une volière, pour le dîner de quatre personnes. — Avez-vous fait de (bon) — ? — Les — que Pindare avait (composé) en l'honneur d'Apollon sont (tout perdu). — On appelle — (fleuri) le dimanche des Rameaux, et — (clos) celui de Quasimodo. — Quelle majesté dans le son des (grand) — ! (Quel) — nous cause une bonne action!

F. Quel est le sens des suffixes en **ier, eur ?**

Former des noms en combinant ces suffixes avec les mots suivants :

Etaim, arme, maroquin, agio, plomb, serrure, construire, arpent, plâtre, diriger, carton, tour, ver, usure, ventiler, règle, détruire.

G. Changer l'actif en passif, et réciproquement :

Ils loueraient, ils eussent aimé, tu eus averti, nous attendions, vous étiez acclamés, j'eusse admiré, tu fus renseigné, il eût été contraint, que nous fussions loués, que vous aimassiez, qu'il bénît, qu'ils aient aperçu.

70. *A.* **Foudre, automne, période, œuvre, orge :**

(Le) — de cette année est (beau et sec). — Il possède (tout) — d'Albert Durer. — Les alchimistes travaillaient à la recherche (du grand) — . — Au jour du jugement, (le) — de la colère divine éclatera sur les méchants. — On nourrit les chevaux de Perse avec de l' — (mêlé) de paille hachée. — Athalie est (un) — de génie. — Plusieurs cathédrales furent incendiées par (le) — . — On appelle — (mondé) de l' — bien (nettoyé), et — (perlé) de l' — (réduit) en petits grains. — On appelle lustre (un) — de cinq ans. — (Quel) — d'éloquence que Fléchier et Massillon et (quel) aigle que Bossuet ! — Jupiter était représenté armé (d'un) — . — C'est sous Louis XIV que la France est arrivée (à son plus haut) — de gloire littéraire. — Les (grand) — que nous avons (vu) en Champagne contiennent jusqu'à 500 hectolitres.

B. **Le renard et le singe.**

Bertrand, *singe* un peu vain, disait : « Que l'on *me* cite
Un *seul* des animaux *que* mon geste n'imite !
— Et toi, dit un *renard, en* pourrais-tu citer
Un seul qui voulût t'imiter ? »

(LE BAILLY.)

Fonction des mots en italique.

C. Joindre un nom convenable aux épithètes suivantes :

Epineux, crénelé, boréal, solaire, opiniâtre, indolent, généreux, immense, limpide, poissonneux, stagnant, escarpé, national, funèbre, jovial.

D. Ind. prés., 2e pers. pl. :

Se contredire, souscrire, boire, recoudre.

Fut. simp., 3e pers. sing. :

Falloir, échoir, assaillir, étayer, ployer, protéger, lever, harceler, étiqueter, recourir, s'enquérir.

71. *A.* **Gens, personne, quelque chose, chose :**

Les faux honnêtes — sont plus (dangereux) que les fripons. — qu'il m'ait (dit), je n'ai pu (le ou la) croire. (Marmontel.) — (La) — que vous aviez (annoncé) est-(il) (venu)? — Non, — n'est (venu). — (Tout) les — (gai) ont le don merveilleux de mettre en train (tout) les — sérieux. (Volt.) — On lui offrit — et il (le ou la) refusa ; on lui présenta autre chose, et il (le ou la) refusa de même. — (Tout) nos — étaient (sorti). — Les (grand) — étonnent, les (petit) rebutent. — On ne lui répondit pas (grand) —. — (Tout) autre — m'eût laissé incrédule. — (Certain) — d'affaires sont peu (scrupuleux). — Prenez conseil des (vieux) — : ils ont de l'expérience. — A (quel bon) — nous avons eu affaire !

B. Remplacer les tirets par les lettres **i** ou **y** :

Sph — nx, m — osot — s, r — s, — r — s, l — nx, t — mpan, ér — s — pèle, l — s, s — nov — e, s — non — me, s — ncope, t — b — a.

C. Mettre le chiffre 1 sur les sujets, 2 sur les appositions, 3 sur les compl. déterm., 4 sur les attributs, 5 sur les compl. dir. :

Le vrai moyen d'être trompé, c'est de se croire plus fin que les autres. La ville de Jérusalem, qui s'était montrée si ingrate envers Jésus-Christ, subit le châtiment de ses crimes. Il est nécessaire de se rappeler souvent qu'il n'y a qu'un chemin pour aller au ciel, celui de la pénitence. Plongé dans le feu d'une fournaise, le fer semble devenir du feu ; c'est ainsi que, par son union avec Dieu, notre âme revêt une splendeur toute divine. Il m'est pénible de vous faire ce reproche. Le fleuve du Jourdain s'arrêta au passage des Israélites. Les murs de Rome. Le roi Henri IV. La province de Bretagne.

72. *A.* **Noms propres :**

(Quel) foudres de guerre que les (Condé) et les Turenne ! — J'ai dans ma bibliothèque trois (Racine) et deux (Bossuet). — L'histoire des douze (César) a été écrite par Suétone. — Quels savants et quels chrétiens que les (Cauchy), les (Ampère) et les (Pasteur) ! — On trouve partout de (sot) gens, des — (bavard, importun et indiscret). — Nous avons parcouru les deux (Amérique). — Galien est un des plus célèbres (Esculape) de l'antiquité. — L'histoire ne nous montre pas deux (Homère) ni deux (Virgile). — Après la conquête de l'Egypte, Auguste apporta à Rome les trésors des (Ptolémée). — Parmi les familles royales, celle des (Stuart) et celle des (Bourbon) ont été les plus malheureuses.

B. **Analyse.**

L'aumône discrète.

Donnons[1], mais sans *éclat* et même avec *mystère:*
Là-haut veille sur nous *un témoin*[2] précieux[3].
Donnons... ; *ce* qu'on répand d'aumônes sur la *terre*
S'amasse en trésor dans les *cieux*.

(GUIRAUD.)

Fonction des mots en italique.

1. Racine et dérivés. — 2. Dérivés. — 3. Racine et dérivés.

C. Ajouter une épithète convenable à chacun des noms suivants employés successivement au masculin et au féminin :

Vapeur, garde, manœuvre, cartouche, aide, enseigne, voile, greffe, somme, livre, mémoire.

D. 3e p. sing., ind. prés. :

Abréger, dissoudre, peler, assiéger, croître, paraître, vaincre.

3e p. sing., fut simple :

Alléger, épousseter, courir, savoir, acquérir, échoir.

73. *A.* **Pluriel des noms formés de mots invariables ou tirés de langues étrangères :**

Les (pourquoi) sont souvent très (embarrassant) et les (parce que) très (embarrassé). Si, après une bataille, on fait chanter des (Te Deum) en actions de grâces, que de familles font dire des De profundis, des (Requiem) et des (Libera)! Le rosaire se compose de quinze (Pater) et de cent cinquante (Avé). Trois (sept) de suite font sept cent soixante-dix-sept. Les missels sont ordinairement des (in-folio) ou des (in-quarto), peu sont des (in-octavo). Ce sont les Italiens qui ont appelé (do) les (ut) de la gamme. Que d'(ex-voto) tapissent les sanctuaires de la Vierge!

B. **Complément du nom :**

Œufs d'(oiseau), de (poule); peaux de (bête), de (renard) ; fécule de (pomme de terre); gelée de (groseille) ; troupe de (cerf) ; quinconce de (platane); chaîne de (montre), de (montagne).

C. **Noms composés.** — I. *Deux noms sans préposition.* Mettre au pluriel :

Martin-pêcheur, sapeur-pompier, fourmi-lion, chou-fleur, chef-lieu, borne-fontaine, loup-garou, laurier-rose, oiseau-mouche, reine-marguerite, porc-épic.

II. *Deux noms avec préposition.* Mettre au pluriel :

Chef-d'œuvre, arc-en-ciel, ciel de lit, coq-à-l'âne, œil-de-bœuf, pied-à-terre, pot-au-feu, croc-en-jambe, tête-à-tête.

III. *Nom et adjectif.* Mettre au pluriel :

Cerf-volant, basse-cour, belle-mère, rouge-gorge, coffre-fort, plate-bande, blanc-seing, basse-taille, arc-boutant, bas-relief, chevau-léger, terre-plein, grand'mère, grand'messe, garde-noble, garde champêtre.

IV. *Nom et verbe.* Mettre au pluriel :

Passe-droit, serre-frein, abat-jour, coupe-gorge, porte-drapeau, prie-Dieu, perce-neige, couvre-feu, cache-nez, gagne-pain, pèse-lait, prête-nom, porte-clefs, gobe-mouches, brise-lames, garde-meuble, garde-chasse, garde-côte, garde-manger, garde-malade, garde-fou, réveille-matin, garde-barrière.

V. *Nom et adverbe ou préposition.* Mettre au pluriel :

Contre-amiral, arrière-corps, avant-poste, arrière-garde, contre-ordre, vice-roi, vice-recteur, sous-lieutenant, quasi-délit, contre-coup, hors-d'œuvre.

VI. *Noms formés de mots invariables.* Mettre au pluriel :

Gagne-petit, chassé-croisé, brise-tout, passe-partout, pince-sans-rire, passe-passe.

74. *A.* **L'ange du sommeil.**

Du *sein* des clartés éternelles,
Protecteur aux regards si doux,
Etendez vos deux blanches ailes
Sur l'enfant pur qui croit en vous.
Le *nid* blanc *que* sa *mère* arrange
Semble recéler un trésor ;
Veillez bien, veillez bien, bon ange,
Sur le petit enfant qui dort.

(HAMMEREL.)

B. Mettre au pluriel :

Amen, accessit, pensum, alibi, duo, lazarone, solo, villa, spécimen, panorama, muséum, macaroni, écho, bifteck, récépissé, post-scriptum.

C. **Noms collectifs et leurs compléments :**

La foule des malheureux (devenir, ind. prés.) de plus en plus (nombreux). Une foule de malheureux (se donner, p. q.-p.) rendez-vous en ces lieux. A la bataille de Loigny, une poignée de zouaves (s'élancer, pas. ind.) au-devant de l'armée prussienne. Une nuée de sauterelles (obscurcir, pas. déf.) les airs. Une nuée de sauterelles (dévaster, pas. ind.) totalement ce jardin. Une multitude d'abeilles (venir, imparf.) en ces lieux. La bande de voleurs qu'on (signaler, pas. ind.) hier, (arrêter, pas. indéf. passif) ce matin. Une bande de voleurs (s'introduire, pas. ind.) jusque dans les appartements du roi.

D. **Complément du nom.** Mettre le premier nom successivement au sing. et au plur. :

Voix de (femme); — de (femme) en querelle; bloc de (glace); — de (glace flottante); monument de (pierre); monceau de (pierre); un sac de (blé) — de (pomme); peau de (renard); peau de (renard tanné); meuble de (sapin); couvent de (femme); forêt de (chêne); confiture de (groseille); pâte d'(amande); plat de (cerise); lit de (plume); cuissot de (sanglier); des gens d'(affaire) — de (robe) — de (lettre); buisson d'(aubépine); œuf de (poule); une couronne d'(épine); mur de (brique).

CHAPITRE III

ARTICLE

75. *A.* Qu'est-ce que l'article ?
Combien y a-t-il d'espèces d'articles ? (Voir p. 4.)
Quelles sont les formes de l'article défini ?
Quand emploie-t-on l'article et quand le supprime-t-on ?

B. Analyser les articles.

Les sommets des Vosges sont couverts de pâturages et de forêts. La glace est de l'eau solidifiée. Ne lisez que de bons livres. Nous avons cueilli des fleurs sur les sommets des Alpes. Il faut du savoir et de l'expérience pour réussir. Un égoïste n'a pas d'amis. D'innombrables étoiles peuplent l'immensité du firmament. Mangez de bon pain et de la viande fraîche. On extrait du plomb et de l'argent des mines de la Bohême.

C. **Analyse.**

L'envers du Ciel.

« Pourquoi, dit un *enfant,* ne vois-je pas reluire[1]
Au *ciel* les ailes d'or des anges radieux ? »
Sa mère répondit avec un doux *sourire :*
« Mon *fils, ce* que tu vois n'est que l'envers des cieux. »
Et l'enfant s'écria, levant[2] son œil candide[3]
Vers les divins lambris[4] du palais éternel :
« Puisque l'envers des cieux, ô mère, est si *limpide,*
Comme il doit être beau l'autre *côté* du ciel ! »

(A. DE LARZES.)

Fonction des mots en italique.
1. Passé déf. — 2. Donner 5 dérivés. — 3. 4. Sens.

D. Part. prés. :

Vêtir, fleurir, étreindre, paître, échoir, savoir, gésir.

Subj. prés., 2e p. sing. et plur. :

Rire, mouvoir, s'asseoir, épeler, côtoyer, lever, peindre, croire.

76. *A.* **Emploi de l'article.** Mettre **de** avec ou sans article :

Les vins — France { sont préférables à ceux — Espagne. / sont pour elle une source de richesses. }

Je n'ai pas — { amis pour leur être à charge. / amis véritables. }

Il furent punis — { mort. / mort la plus cruelle. }

Vous reste-t-il beaucoup — { livres ? / livres que je vous avais prêtés ? }

La pluie — { orage. / orage qui a éclaté hier. }

Sully avait { — probité. / — rare probité. }

L'eau — { mer n'est pas potable. / mer Morte est chargée d'asphalte. }

Il n'a pas fait — { fautes. / fautes aussi grossières que vous. }

Elève rempli { — ardeur. / — grande ardeur. }

Un soleil / Les plaisirs { — printemps. }

B. Contraires de :

Silence, refus, actif, probe, sincère, majorité, sournois, flux, dépense, louange, sommeil, laid, bis, liberté.

C. Compléments du nom :

Bouquet / Eau { de (rose). Forêt / Planche { de (sapin).

Plume / Troupeau { d'(oie). Panier / Confiture { de (groseille).

Des voix de { (femme). / (femme) en querelle. }

77. *A.* Mettre au pluriel :

Recevoir une nouvelle agréable, — une agréable nouvelle. Nous connaissons un ami très dévoué, — un excellent et habile ouvrier. Il arrive parfois qu'un petit-maître, qui pose en grand homme, va finir ses jours dans une petite-maison. Dire un bon mot n'est pas la marque d'un esprit supérieur.

Rendre négatives les phrases suivantes :

Il a de l'argent, des amis, du crédit, et pourtant il n'est pas heureux. Avez-vous cueilli des roses? Il m'a promis une réponse définitive. Il nous a fait des propositions. Il existe un chemin plus court.

Quelle différence de sens y a-t-il entre :

« N'avez-vous pas d'amis? » et « n'avez-vous pas des « amis? » — entre « j'ai du meilleur vin » et » j'ai de « meilleur vin ? »

B. Imparf. du subj., 3e p. sing. :

Lire, exclure, lier, recouvrir, moudre, savoir, peindre, coudre, écrire, luire, courir.

C. **Analyse.** Fonction des infinitifs :

Plutôt mourir que d'offenser Dieu. Affirmer n'est pas prouver. C'est se tromper grossièrement que de chercher son bonheur dans les biens de ce monde. Je serais curieux de savoir s'il est arrivé. Et flatteurs d'applaudir. Il y a de la naïveté à croire tout ce qu'on entend. Il aime à lire et à étudier. Il n'a eu que le temps de nous avertir.

78. *A.* Suppression de l'article. Pourquoi supprime-t-on l'article dans les phrases suivantes?

Plus fait douceur que violence. (La Fontaine.)
Femmes, enfants, vieillards, tout était descendu. (*Ibid.*)
Ainsi dit le renard, et flatteurs d'applaudir. (*Ibid.*)
A gens d'honneur promesse vaut serment.
Il a demandé grâce, pardon.
Contentement passe richesse.

B. Impérat., 2e pers. sing. et plur. :

Aller, lier, s'en aller, s'enquérir, réveiller, niveler, peser, cacheter.

C. **Répétition de l'article** (corriger, s'il y a lieu) :

On nous a offert de belles et de bonnes poires. L'ancien et nouveau continent (paraître) (ronger, infin. passé passif) par l'Océan. L'Ecole des eaux et des forêts a été fondée en 1824. La lune est à son apogée lorsqu'elle est la plus éloignée de la terre. Qui n'admire les hautes et les superbes pyramides d'Egypte? Les bonnes ou mauvaises conversations forment ou gâtent les hommes. Enfant, respecte tes père et mère. Les XVIe et XVIIe siècles furent féconds en chefs-d'œuvre. Les second et troisième étages sont devenus la proie des flammes. Les officiers et soldats du régiment. La direction des ponts et chaussées. Dieu jugera nos bonnes et mauvaises actions.

79. *A.* Contraire de :

Emprunter de l'argent; plante annuelle; rue déserte; sommeil profond; chemin raboteux; caractère souple; accélérer le pas; terre fertile; conscience tranquille.

B. **Article devant les superlatifs :**

C'est au massif du Marboré que les Pyrénées sont — plus élevées. C'est au printemps que la nature est — plus belle. On appelle canicule l'époque de l'année où les chaleurs sont — plus fortes. C'est ce matin que ma tante a été — moins souffrante. Les montagnes — plus hautes se trouvent en Asie. Quand avez-vous été — plus heureuse, ô mon âme, si ce n'est avec Dieu? L'homme vain accepte les louanges même — moins méritées.

C. **Analyse.**

Ajouter une coordonnée à chacune des propositions suivantes :

Quand le printemps arrive et..., la nature se réveille et... — Dieu nous défend de faire le mal et... — Si jeunesse savait et...! — Si vous priez Marie avec confiance et..., elle veillera sur vous et... L'élève qui est paresseux et..., rend son éducation impossible et... — Songez qu'il vous faudra mourir et...

CHAPITRE IV

DE L'ADJECTIF

80. *A.* Qu'est-ce que l'adjectif?
En combien de classes divise-t-on les adjectifs?
Combien y a-t-il de degrés de signification dans les adjectifs?
Qu'est-ce que le positif? — le comparatif?
Donnez un exemple d'un comparatif d'égalité, — d'infériorité, — de supériorité.
Qu'est-ce que le superlatif absolu? — le superlatif relatif?
Qu'appelle-t-on adjectifs verbaux? — adjectifs composés?

§ Ier. — Adjectifs qualificatifs.

B. Rappeler les règles ou les remarques concernant le féminin des adjectifs suivants :

Vrai, fidèle, discret, bas, jaloux, roux, jumeau, sec, aigu, vendeur, créateur, absous, auteur, neuf, témoin, grec, grognon, hébreu, vieillot, vengeur.

C. Même devoir pour le pluriel des adjectifs :

Grand, épais, nouveau, brutal, naval.

D. Comparatifs de : *bon*, *petit*, *mauvais*, avec les adverbes correspondants.

81. *A*. Copier dans un 1er alinéa les comparatifs, dans un 2e les superlatifs relatifs et dans un 3e les superlatifs absolus :

La meilleure école est celle de l'adversité. Vous serez plus ou moins heureux selon que vous serez plus ou moins fidèles aux commandements de Dieu. Nous ne trouvâmes pas la moindre trace de gibier. Un des plus vastes ports du monde est celui de Melbourne. Le moindre bruit trouble le criminel. Je ne connais pas de pire malheur que celui d'offenser Dieu. L'enfant est très curieux. Les flancs du Néthou sont extrêmement escarpés. Soyez désormais plus dociles. La Providence sera toujours mon plus sûr appui. Au ciel, nous serons infiniment heureux. Cette histoire est des plus intéressantes.

B. **Le voyage au ciel.**

Comment peut-on [1] monter au ciel? Il est si [2] haut!
— Je n'en [3] sais rien, sinon, car c'est un grand mystère [4],
Que *nous avons* au cœur des [5] ailes, et qu'*il faut*,
Pour monter là, ne pas les salir [6] sur la terre.
— Ah! je voudrais voler au ciel : il est si beau!
— Tu le [7] peux. — Et comment [8]? — En disant ta prière.
Prie, et tu partiras, et sans quitter ta mère.
Prier [9], c'est être [10] au ciel, puisqu'*on parle* avec Dieu.

(L. Ratisbonne.)

1. Pourquoi l'inversion? — 2. 3. Analyser. — 4. Mettre cette proposition au pluriel. — Fonction de *mystère*. — 5. Comment distingue-t-on *des*, art. contr., de *des* art. indéf.? — 6. 7. 8. 9. 10. Fonction de ces mots.

C. Subj. imp., 3e p. sing. :

Taire, moudre, coudre, sourire, séduire, boire, nuire, plaindre, écrire, percevoir, promouvoir, entrevoir, pourvoir, s'enquérir, s'arroger.

D. Copier les mots employés au figuré et les employer au propre dans d'autres expressions :

Déployer du courage; aborder un sujet; son caractère est aigri; sombres pensées. Les mœurs de l'empire romain étaient corrompues. Noircir la réputation. Le temps s'écoule rapidement : utilisez-en les moindres parcelles. Conscience agitée; cœur étroit; preuve éclatante.

82. *A.* **Accord de l'adjectif :**

Les épis (jaunissant) tombent sous la faucille (recourbé). La cigogne a le cou et le bec fort (long). Une ville (pris) d'assaut offre souvent le spectacle de vieillards, d'enfants et de femmes (égorgé), de palais et de maisons (écroulé et dévoré) par les flammes. L'ordre et la sécurité (public) (exige) un gouvernement ferme et vigilant. Notre bonheur ou notre malheur (temporel et éternel) (dépend) de nous. L'orgueil aveugle se suppose une grandeur et un mérite (démesuré). Drouot montra toute sa vie un courage, une énergie peu (commun). A son retour de l'armée, ce jeune homme a trouvé ses père et mère (morts). Une pie et un geai (apprivoisé). Cet homme dort les yeux et la bouche (ouvert). Des peaux de renard (tanné). Une légion de soldats (aguerri). Ils se nourrissent de chair ou de poisson (cru). Toile de coton écru. Gants de soie (noir). Une espèce de bois fort dur.

B. Mettre les verbes suivants au temps demandé :

Ind. prés.	*Pas déf.*	*Fut. simple.*	*Subj. prés.*
Je épeler,	lire,	bouillir,	mouvoir,
Tu cacheter,	croître,	mouvoir,	savoir,
Il côtoyer,	coudre,	échoir,	conclure,
Nous menacer,	moudre,	s'enquérir,	avouer,
Vous vêtir,	ceindre,	acheter,	déployer,
Ils assaillir.	prévoir.	harceler.	protéger.

C. Analyser les attributs dans les phrases suivantes :

Qui êtes-vous? — On vous croit malade. — Je l'ai été. — Montrons-nous toujours fiers de notre titre de chrétiens. — Louis XIV a été surnommé le Grand. — On me nomme lion. — Aristide mourut pauvre. — Qu'il est beau d'être toujours à son devoir! — Restez toujours fidèle à Dieu. — Le croiriez-vous capable de mentir? — A cette nouvelle, il est devenu pâle et nous l'avons vu tout tremblant d'émotion. Que l'indigent vous trouve toujours secourable! Regardez le devoir comme un soutien, et non comme un joug.

D. Espèce et temps des verbes suivants :

Ils s'étaient imaginé, nous eussions voulu, seraient-ils arrivés, seraient-ils blâmés, que vous fussiez revenus, que vous fussiez entendus, s'étant plaint, étant flatté, devant être livré, avoir dû être écouté, il fût arrivé, qu'il conclût, il fuit.

83. *A.* **Mi, nu, demi, feu :**

Diogène marchait — tête et pieds —. N'étudiez pas vos leçons à —. Cette horloge sonne les — et les quarts. Il a conservé la — propriété de ses biens. Avez-vous connu votre — grand'mère? Dans les circonstances difficiles, ne prenez jamais de — mesures. — Beaucoup d'enfants de la campagne vont les jambes et les bras —. Le brouillard s'étendait jusqu'à — côte. La façade de ce monument est trop —. Sept — valent trois unités et —. — ma tante montrait un souci, une préoccupation (continuel) pour mon avenir. Il est arrivé à trois heures et —.

B. Imparf. ind. et subj. pr., 3e p. s. :

Croître, travestir, mouvoir, revêtir, bruire, boire, souscrire.

Pas. déf. et subj. pr., 2e p. sing. :

Exclure, éteindre, se taire, recourir, moudre, coudre, se pourvoir.

C. Compléter les mots suivants par les lettres, *t*, *tt*, *th* :

En...érite, ...yphus, ...érapeu...ique, can...aride, lu..., do...er, flo...er, bou...e-en-train, acan...e, men...e, je feuille...erai, je je...ai, il becque...e.

84. *A.* **Ci-inclus, ci-joint, franc de port, possible, grand :**

Je vous ai expédié — vos papiers et vos marchandises. (Ci-joint) les notes et les renseignements que vous m'avez (demandé). Il cheminait gaîment sur la — route et calculait toutes les chances de succès —. Avez-vous connu vos — oncles et vos — tantes? Nous demeurons dans la — rue, où nous avons tous les avantages —. (Ci-inclus), je vous envoie quittance des sommes versées. Ayez le moins de rapports — avec les méchants. Expédiez toujours vos lettres —. (Ci-joint) copie du traité. Faites le moins de fautes —.

B. **Le pinson et la pie.**

« Apprends-*moi* donc une chanson »,
Demandait la bavarde *pie*
A l'agréable et gai pinson,
Qui chantait [1] au *printemps* sur l'*épine* fleurie.

« Allez, vous vous moquez, ma mie;
A *gens* de votre espèce, ah! je gagerais bien
Que [2] jamais on n'apprendra rien.
— Eh quoi! la raison, je te prie?
— Mais c'est que, pour s'instruire et savoir bien chanter,
Il faudrait *savoir* écouter,
Et babillard [3] n'écouta de sa *vie*. »

(Mme DE LA FÉRANDIÈRE.)

Fonction des mots en italique.

1. 2. Quelle espèce de proposition? — 3. Pourquoi la suppression de l'article?

C. Part. pas. :

Déchoir, croître, bénir, vêtir, confire, taire, devoir, enduire, mouvoir, coudre, moudre, clore, absoudre, repaître, ouïr.

D. Mettre le chiffre 1 sur les sujets, 2 sur les attributs, 3 sur les mots en apposition, 4 sur les compl. déterm. et 5 sur les compl. directs :

Le remords est le châtiment du crime; le repentir en est l'expiation. (JOUBERT.) — L'une des maladies de notre époque est le désir insensé de paraître. (Gal AMBERT.) — Notre vie, comme l'eau de la mer, ne s'adoucit que si elle s'élève vers le ciel. — Une dame parlant d'un auteur impie, disait à Montesquieu : « Dieu a là un bien sot ennemi! » — « Eh! sans doute, lui répondit l'éminent écrivain, mais Madame ignore-t-elle que Dieu ne peut en avoir d'autres? » — Souvent c'est par la brèche du malheur que Dieu entre dans une âme. — Etre fidèle à une petite chose, c'est une grande chose. — Mettez une bonne action à côté de vos ennuis : elle les dévorera. — Puis, ne rien faire, c'est encore une souffrance. (F. COPPÉE.)

85. *A.* **Place de l'adjectif** (corriger, s'il y a lieu) :

Habitué à suivre ses caprices, il est rare de consulter la raison. Heureux ou malheureux, nous vous serons toujours fidèles. Enclin à l'oisiveté, il faut faire *de* ou *des* grands efforts pour s'en corriger.

B. Remplacer le complément du nom par une épithète, et réciproquement :

L'eau du baptême; la gloire du ciel; un terrain qui renferme de la chaux; l'arrêté du ministre; une vie de travail; les règles de la grammaire; les mœurs des patriarches; les propriétés de la nation; un mets stomachique un temps de brouillard; l'autorité du Souverain Pontife;

une visite de nuit ; une maison de bourgeois ; fièvre cérébrale.

C. **Accord de l'adjectif :**

L'aigle a les serres, ainsi que le corps, (garni) de duvet. Un acte, un geste, une parole (insignifiant) (pouvoir, prés.) occasionner une dispute.

Le chien, comme le chat, (être un animal domestique). Dans sa chute, cet enfant a eu le bras *ou* la jambe (cassé). A Sparte, les exercices publics, *de même que* les assemblées, (être honoré, imparf.) de la présence des vieillards. Les méchants éprouvent un ennui *ou* une perplexité (cruel). Un dévouement *ou* une bravoure (extraordinaire être toujours admiré). La vie, *ainsi que* la fleur, (être passager). La faïence *aussi bien que* la porcelaine (être, imparf.) (inconnu) aux anciens. La panthère, ainsi que le tigre, (être carnassier).

D. **Avoir l'air :**

Elisabeth d'Angleterre avait l'air (dur). Cette pomme a l'air (gâté). La foule avait l'air (consterné).

86. *A.* Mettre les verbes suivants au temps demandé :

Ind. prés.	*Pas. indéf.*	*Fut. simple.*	*Subj. prés.*
Je dételer,	lire,	courir,	rire,
Tu racheter,	croître,	bouillir,	contraindre,
Il tutoyer,	coudre,	échoir,	conclure,
Nous retracer,	moudre,	s'enquérir,	saluer,
Vous revêtir,	ceindre,	épeler,	pourvoir,
Ils croître,	prévoir,	savoir,	abréger.

B. Combiner avec les mots suivants l'un des préfixes **ad, dé** ou **dés, in :**

Charge, port, légal, choir, climat, côte, croire, mort, croc, double, commode, manquer, patient, couleur, compagnon, varier, loyal, crédit, accord, religion, prix, remède, former, coutume, faire, plaire, juger, planter, masque, verbe, arçon, grand, fin, arme, sceau, front, honneur, ordre, léger, lier, long.

C. Différence entre :

Un brave homme et un homme brave ; de méchants vers et des vers méchants ; un combat singulier et un singulier combat ; un repas maigre et un maigre repas ; une musique triste et une triste musique ?

87. *A.* **Les enfants gâtés.**

On rit quelquefois en parlant des enfants gâtés ; je n'*en* ai jamais ri. Rien n'est moins plaisant : c'est pour moi quelque chose d'effroyable dans le présent et dans l'avenir.

Ce sont *de* vrais petits *animaux* sauvages. Ils paraissent et sont ordinairement de jolis enfants, gracieux, complaisants, flatteurs. Il n'y a pas de souplesse insinuante, de bassesse agréable *dont* ils n'aient le secret pour obtenir ce qu'ils désirent. Vous les trouverez *charmants ;* mais si vous essayez une résistance à leurs caprices, si vous exigez d'eux le moindre travail, immédiatement l'humeur, les airs chagrins, boudeurs et même la grossièreté brutale vous révèlent que ces enfants si aimables sont des enfants trompeurs ; qu'au fond et dans le vrai, comme des *animaux* apprivoisés, ils ne sont sensibles qu'à l'appât des moyens qui les apprivoisèrent, mais qu'ils redeviennent des *animaux* méchants et sauvages dès qu'on refuse quelque chose à leurs appétits.

(Mgr DUPANLOUP.)

Fonction des mots en italique.

Qu'est-ce qui caractérise l'enfant gâté ? Pourquoi est-il à plaindre ?

B. Noms dérivés des verbes suivants :

Louer, incliner, braver, élever, étamer, croiser, offrir, piller, saler, habiller, redevoir, livrer, cotiser, épouvanter, extraire, rédiger, convaincre, réduire.

C. **Adjectifs employés adverbialement ou désignant des couleurs :**

Napoléon prenait ses mesures si (juste) qu'il déconcertait les ennemis. Robes (marron) ; étoffes (jonquille); tentures (cramoisi, pourpre) ; rubans (écarlate, rose). La crinière de l'hyène est de couleur (gris obscur). La rose et la violette sentent (bon). Elles s'arrêtèrent (tout court). Ils se faisaient (fort) de braver impunément le fléau ; mais leur imprudence leur a coûté (cher). Les balles pleuvaient (dru), mais (plus tôt ou plutôt) que de céder, nos soldats (se faire, cond. pas. 1re forme) hacher (menu). Les bienfaits qu'il faut mendier sont toujours trop (cher). Cheveux (châtain). Chevelure (châtain clair), étoffes (bleu foncé), gants (jaune paille). Les (nouveau arrivé) portaient des roses (frais cueilli) et avaient l'air fort (content). Nations (demi) civilisées. Les orateurs qui débutent restent parfois (court). La guerre de 1870 a coûté bien (cher) à la France. Quelque (cher) que vous (croire, prés.) ces étoffes, nous nous faisons (fort) de vous prouver que nous avons calculé fort (juste).

88. *A.* **Adjectifs composés :**

I. *Formés de deux adjectifs :*

Jeune fille (aveugle-né, premier-né, sourd-muet). Cerises (aigre-doux).

II. *Deux adjectifs dont le premier est employé adverbialement :*

Enfants (nouveau-né). Légère et (court vêtu), elle allait à grands pas. Roses (frais cueilli), — (frais éclos). La protection (tout-puissant) de Marie. Ils se croient (tout-puissant). Avoine (clairsemé). Les (nouveau marié, nouveau venu, nouveau débarqué). Peuplades (demi barbare).

III. *Adjectif et mot invariable :*

Les enfants purs sont les (bien-aimé) du Sauveur. On appelle pénultième l'(avant-dernier) syllabe d'un mot. Des (dahlia) (semi-double). Revue (bimensuel).

B. **Complément des adjectifs.** Mettre les prépositions convenables et corriger, s'il y a lieu :

Il se montre sensible et reconnaissant... vos bienfaits. Soyez charitable et vous serez utile et chéri... vos semblables. Conduite conforme... la loi de Dieu. Yeux gonflés... larmes. Etre content... son sort. Sensible... une marque de bienveillance. Cruel... les animaux. Rebelle... l'appel de Dieu. Conduite incompatible... l'Evangile. Affamé... gloire. Nuisible... l'agriculture. La joie inséparable... une bonne conscience. Prompt... se fâcher. Bienveillant... ses serviteurs. Charitable... les pauvres.

C. Féminin de :

Traître, replet, bouffon, doucet, bref, sauf, fripon, enchanteur, jumeau, pâlot, profès, trompeur, pécheur, favori, vengeur, bénin, frais, grognon, contigu, coi, bégu, modérateur, prêteur, tiers, maître, bis, bai, indiscret, félon, bellot, coercitif, préfix, feu.

D. **Adjectifs en able ; digne et indigne.** Corriger, s'il y a lieu :

Cet enfant n'est pas pardonnable. Il est digne du châtiment dont on le menace. Son camarade, au contraire, n'était pas digne de la pénitence qu'on lui a infligée. Plusieurs personnages de l'histoire sont fort contestables. Votre négligence est impardonnable. Ce fait est incontestable.

§ II. — **Adjectifs déterminatifs.**

89. *A.* Copier en alinéas les adjectifs déterminatifs, suivant leur espèce :

Le fer est plus utile que les autres métaux. Page 80. Henri IV. Il ne sait à quel parti s'arrêter. Quelques rares épis jonchaient la terre. Telle vie, telle mort. Quelle ville que Rome! Ces dahlias sont plus beaux que les nôtres. Plusieurs soldats furent tués. La terre tourne sur elle-même en 24 heures. Pierre a été second, et Paul cinquième. Mon âme est immortelle. Cet oiseau chante bien. Ce livre est intéressant. Votre grand-père est content de vous. Admirez ces étoiles qui brillent au firmament. Au bout de dix-huit ans et onze jours, les éclipses de soleil et de lune reviennent aux mêmes intervalles et dans le même ordre. Un ami est un frère de notre choix. Chaque âge a ses goûts. Moïse disait au peuple de Dieu : « Si vous honorez vos parents, votre vie sera longue. » Obéis à ton père et à ta mère si tu veux qu'un jour tes enfants t'obéissent. C'est tous les quatre ans qu'il y a un 29 février.

B. Féminin de :

Replet, dissous, exigu, bégu, querelleur, grognon, vieillot, jumeau, roux, frais, turc, jaloux, grec, follet, ammoniac, caduc, franc, laïc, bis, bai, rassis, noiraud, mignon, profès, las, diluvien, métis, félon, neuf, exprès, sauf, malin, régulateur, favori, ambigu.

C. Former des adjectifs avec les mots suivants :

Potion, concevoir, labourer, maladie, classe, fable, père, roi, péril, centre, douleur, alcool, archevêque, Asie, évêque, paix, pontife, moine, Flandre.

D. **Paronymes.** Former avec les mots suivants des expressions ou des phrases qui en fassent ressortir le sens :

Atterrer, atterrir. Originaire, original, originel. Ressortir, ressortir. Recouvrer, recouvrir. Matinal, matineux. Conjoncture, conjecture. Consumer, consommer. Bouffer, bouffir. Colorer, colorier.

90. *A.* **Vingt, cent, mille.** Ecrire les nombres en lettres :

Cinq (mille) d'Angleterre font 8.045 mètres et cinq (mille) marins en valent 9.280. Il existe dans l'Inde un figuier qui a 350 troncs, 3.000 petites souches, et qui occupe une surface de 600 mètres carrés. Le déluge eut lieu vers l'an 3000 avant Jésus-Christ. Cette coupe a donné plusieurs (cent) de fagots. Avec 700 hommes Fernand

Cortez conquit le Mexique en 1530. Abraham vécut 2.000 ans avant Jésus-Christ. La première croisade eut lieu en 1096.

Ecrire en toutes lettres :

18; 53 ; 84 ; 180; 9.845; 2700273.

Second, deuxième :

César aimait mieux être premier dans une bourgade que — à Rome. Cet élève a été — sur dix concurrents. Des deux moyens que vous proposez, le premier est plus expéditif, le — plus sûr.

B. Ecrire l'adjectif équivalent au complément du nom ou du pronom :

Ce qui est d'un grand prix. Un corps qui n'est pas transparent. Ce qui se brise facilement. Un corps qui donne de la chaleur. Ce qui est très ancien. Une conduite qui peut servir d'exemple. L'homme âgé de soixante ans. L'homme âgé de soixante-dix ans. L'homme âgé de de quatre-vingts ans. Un corps qui a la forme ronde. Un corps qui a la forme d'un rouleau. Un corps qui a la forme d'un œuf. Un terrain qui a la forme d'un triangle. L'histoire des temps les plus reculés. L'histoire des temps rapprochés de nous. L'histoire des temps où nous vivons. Le pays où il n'y a pas d'habitants. Ce qui répand la terreur. Un livre qui instruit et qui intéresse. L'enfant qui s'applique à l'étude. Celui qui vit selon la doctrine de Jésus-Christ. L'homme qui laboure la terre.

C. **Analyse.** Copier dans un 1er alinéa les propositions principales, dans un 2e les incidentes, dans un 3e les complétives et dans un 4e les circonstancielles :

Nous devons aimer Dieu parce qu'il est infiniment aimable. Il est nécessaire que vous travailliez. Plus fait douceur que violence. Il faut supporter le prochain, quels que soient ses défauts. Le chrétien soupire après le ciel, qui est sa véritable patrie. Par ce qu'il m'a dit, j'ai compris qu'un grand malheur lui est arrivé. Celui qui ne sait pas se faire violence n'est pas digne du nom de chrétien. Tandis que Marie était en prière, l'ange lui annonça qu'elle serait Mère de Dieu. Jésus-Christ veut que nous aimions même nos ennemis.

91. *A.* **Adjectif possessif.** Corriger, s'il y a lieu :

Le lion a sa figure imposante, son regard assuré, sa démarche fière. L'homme généreux met sous ses pieds les faveurs qu'il accorde, et sur son cœur celles qu'il reçoit. Nous annonçons, disaient les apôtres, ce que nous avons vu de nos yeux et entendu de nos oreilles. L'enfant paresseux sort tard de son lit. La Loire était sortie du lit. L'un a son nez aquilin, l'autre a le sien camus. L'orgueilleux a sans cesse le mot moi sur ses lèvres. Ces enfants (ils sont frères) ont perdu leurs mères. Le moribond pressait le crucifix sur ses lèvres et sur son cœur. L'ouvrier tombe dans la misère quand ses bras lui manquent. Les matelots fumaient leur pipe en silence, tandis que l'ouragan éclatait au-dessus de leurs têtes. L'instruction est un trésor ; le travail est sa clé. On condamne la vanité, tout en favorisant ses tendances. La Fontaine est mon auteur favori ; j'en aime la naïveté et la malice. Si la patience est amère, ses fruits sont des plus doux. C'est par les bonnes lectures qu'on forme son esprit et son cœur.

B. Former des expressions ou des phrases où les mots *montagnes* et *mer* figurent : a) comme sujets, b) comme appositions, c) comme compl. déterm., d) comme attributs, e) comme compl. dir., f) comme compl. indir., g) comme compl. circonst.

C. Espèce et temps des verbes suivants :

Etre entendu, être arrivé, s'être plaint, n. serions partis, v. eussiez été avertis, étant tombé, étant loué, v. v. fussiez imaginé, avoir dû prévoir.

D. Indic. prés., 3e pers. sing. :

Vêtir, vaincre, bouillir, se repentir, déchoir, s'asseoir, prévaloir.

Imparf. indic., 1re pers. plur :

Côtoyer, agréer, paître, boire, assaillir.

92. *A.* **Même** (1) :

Les — hommes. Les hommes —. Eux —. Les — causes produisent les — effets. Les vieillards et — les en-

(1) Les difficultés de la règle de *même* se présentent surtout dans le cas où ce mot est précédé d'un ou de plusieurs noms. Plus que jamais, c'est le *sens* qu'il faut alors consulter. *Même* exprime-t-il une préférence en faveur de la personne ou de la chose qu'il accompagne et une sorte d'exclusion pour les autres? il y a accord. Ex. : Des renseignements recueillis parmi les habitants mêmes du pays... Vous le reconnaîtrez facilement, car il porte le chapeau et le paletot mêmes qu'il avait à son départ. (Je veux parler de ces habitants, de tel chapeau, de tel paletot, et non des autres.) *Même* au contraire est invariable, même après un seul nom, lorsqu'il renferme l'idée d'*extension*. Ex.: Les plantes même étaient au nombre des divinités païennes. (On pourrait dire : Les hommes, les animaux et même les plantes, etc.)

fants ne sont pas sûrs du lendemain. Les ennemis — de saint Louis l'estimaient. L'ingratitude est un vice contre nature, les animaux — sont reconnaissants. Un mot, un regard, le silence — peut vous trahir. Les planètes et — les comètes ont un mouvement régulier autour du soleil. Les hommes les plus vertueux — commettent toujours (quelque) fautes. Le misanthrope fuit les hommes, ses amis, ses parents —. Nous —.

B. Ajouter une apposition aux noms suivants :

Moïse, Ramsès, Nabuchodonosor, Apelle, Lycurgue, Alexandre, Cicéron, la ville, Clovis, saint Remy, le fleuve, Bayard, les montagnes, Jeanne d'Arc, Sully, la province, Louvois, Turgot, Lacordaire.

C. **Quelque :**

— soient vos tentations et vos défauts, vous les surmonterez avec l'aide de Dieu. — talents que vous ayez, vous ne devez pas vous en prévaloir. — fautes que vous ayez commises, vous pouvez en obtenir le pardon. — bonnes qualités que possède un homme, elles sont toujours accompagnées de — défauts. Il y a — six (cent) ans que la boussole a été découverte. — bien écrits que soient ces ouvrages, ils sont peu lus. — braves que se soient montrés nos soldats et (quelque) (être, imparf.) leur élan et leur opiniâtreté, il fallut se retirer devant le nombre.

D. Ind. prés., 3e pers. sing. :

Sourdre, mouvoir, gésir, ressortir (être du ressort), confire, braire, ressortir (sortir de nouveau), peindre, coudre, absoudre, moudre.

93. *A.* **Tout :**

— autorité vient de Dieu. La paresse ouvre l'âme à — les vices. Elles parurent — étonnées, — honteuses, — consternées de leur faute. Dans les pays du nord, on trouve des loups — blancs ou — noirs. Les geais imitent — les sons, — les bruits, — les cris d'animaux. La vie — entière de saint Vincent de Paul fut consacrée au soulagement des malheureux. L'harmonie de l'univers, — admirable qu'elle est, ne frappe pas également — les yeux. Il a — donné aux pauvres : sa fortune, ses livres, ses habits (même). Elle signait : — à toi. Dieu est — yeux, — ouïe, — intelligence. — Rome alla au-devant du vainqueur. — Rome est couverte de monuments antiques. — autre préoccupation que celle du plaisir laissait les païens indifférents ; — autre était la conduite des chrétiens. Votre mère est — attristée, — désolée de votre paresse. Sœur Rosalie était — bonté, — tendresse pour les pauvres.

B. Mettre chacun des noms suivants en apposition avec un autre :

Fils de David, Sardanapale, Esope, Zeuxis, Virgile, Képler, le Dante, Mansard, Rubens, Kléber, Oudinot.

C. Expliquer les proverbes suivants :

1. Qui compte sans son hôte compte deux fois. — 2. Les bons comptes font les bons amis. — 3. La nuit porte conseil. — 4. Coudre la peau du renard à celle du lion. — 5. Juger d'une chose comme un aveugle juge des couleurs.

94. *A.* **Même, tout, quelque :**

Une — autre place. — autre occupation. Etoffes — laine. — soient leurs préjugés, leurs passions —, la plupart des hommes (rendre) hommage à la vertu. — enfant, Jeanne d'Arc montrait déjà un courage, une énergie (étonnant), une piété — angélique, des dispositions héroïques et — sublimes. — (cher) que nous (coûter, passé) ce jardin et cette villa, — agréable, — ravissante qu'en est la situation, — grandes dépenses que nous (faire, passé) pour les entretenir, mon père et ma mère sont (décidé) à les vendre, en offrant à l'acheteur le plus de facilités (possible). (Acheter, impér. 2e p. sing.)-moi — (cent) de cartes de (visite). Je désire que vous m'(expédier, prés.) (franc de port) les cartes géographiques et les livres que je vous ai (demandé) et je vous prie d'y joindre la commande (ci-inclus). Ma (feu) tante était — bonté, — dévouement ; aussi (nul) funérailles ne furent-elles plus (touchant) que les siennes. Les personnes — qui (se montrer, pl.-q.-parfait) (le ou les) plus jalouses de son influence lui ont donné — les témoignages de sympathie (possible).

B. **Analyse.**

Que d'hommes restent *insensibles* aux charmes divins *qu'*offre la *vie* de Jésus-Christ, tandis qu'on *les* voit *passionnés* pour l'*histoire* de certains *héros dont* l'existence n'est même pas *toujours certaine !*

Nature des propositions et fonction des mots en italique.

C. **Aucun, nul :**

(Aucun) ruines ne furent comparables à celles de Jérusalem. Il a réussi sans (aucun) frais. (Nul) obsèques ne furent aussi recueillies. Depuis six mois ce serviteur n'a reçu (aucun) gages. (Aucun) funérailles ne firent couler tant de larmes que celles d'Henri IV. (Nul) troupes ne furent mieux disciplinées que celles de Napoléon Ier. Nulle habitation, (nul) vestiges de civilisation.

CHAPITRE V

LE PRONOM

95. *A.* Qu'est-ce que le pronom ? Combien y a-t-il de sortes de pronoms ? Quelles peuvent être les fonctions du pronom ?

B. Mettre les pronoms convenables pour éviter la répétition du nom :

Louis XI redoutait la mort et il pensait toujours à la mort. — Trouvez-moi dix bons élèves. Nous sommes tous bons élèves. — Vous adresse-t-on des propos flatteurs, ne vous fiez pas à ces propos. — Etes-vous malade ? Je suis malade. — Cette tour menace ruine ; n'approchez pas de cette tour. — Voulez-vous compter vos amis, empruntez de l'argent à vos amis. — O mon Dieu, nous avons commis bien des fautes ! Pardonnez-nous ces fautes. — Si quelqu'un vous rend un service, rendez-lui ce service.

C. Espèce et temps des verbes suivants :

Qu'ils fussent arrivés. Qu'ils fussent punis. Avoir dû venir. Etant venu. Etant aimé. Il se serait flatté. Vous seriez reçus. Ayant dû partir. Devant lire.

D. Compléter par le son **é, è, ai :**

Ar—ne, —né, tr—pi—, crat—re, cam—, dromad—re, halt—re, p—lerin, trach—, r—c—piss—, quadrilat—re, herbi—, t—l—graphe, —r (homon.), h—re (homon.), su—re, rep—re (homon.), bip—de, fal—se, ar—te, caduc—, aubi—.

96. *A.* Remplacer les noms par des pronoms, quand il y a lieu :

La voix de votre conscience est la voix de Dieu : écoutez cette voix. Quand on a commis une faute, il faut se repentir de cette faute et avouer cette faute au prêtre pour obtenir le pardon de cette faute. Depuis que mon ami a visité Paris, mon ami parle toujours de Paris. Quand une maison menace ruine, il faut étayer ou démolir cette maison. Dieu nous a donné sa parole ; nous devons ajouter foi à cette parole. Votre frère est plus âgé que mon frère et que leur frère.

B. Combiner les préfixes **il, im, in, ir** avec les mots suivants :

Légal, légalité, imitable, matériel, abordable, action, prévoyant, prudent, certain, tolérable, puissant, aperçu, aptitude, régulier, licite, responsable, rémissible, fini, rationnel, résolution, religion, lisible, limité, mortel, mortifié, lettré, parfait, légalement, patience, valide, répréhensible.

C. Contraire de :

Cœur dur, parole dure, pain dur, fruit précoce, fruit gâté, terrain fertile, projet téméraire, caractère doux, fruit doux, pas lent, devoir soigné, sage réponse, devoir tronqué.

97. *A*. Analyser les attributs :

Qu'il est consolant de voir que depuis près de dix-neuf siècles Jésus-Christ est proclamé Dieu par tant d'hommes que leur vertu et leur génie ont rendus dignes d'une gloire immortelle ! — Il m'est pénible de vous faire ce reproche. — C'est se tromper que de croire... — Quelque grandes que fussent ses souffrances, nous l'avons toujours trouvé résigné. — Je l'ai vu entrer. — Heureux les cœurs purs !

B. Compléter par **g, gg ; m, mm :**

A—lo—ération, a—onceler, e—ieller, a—ression, a—rafe, é—onder, a—reste, a—ender, a—raver, e—ancher.

C. Sens des expressions suivantes :

Aller le droit chemin. — Tant va la cruche à l'eau, qu'à la fin elle se casse. — Il attend que les alouettes lui tombent toutes rôties. — L'appétit vient en mangeant. — Tenir quelqu'un le bec dans l'eau. — Au royaume des aveugles, les borgnes sont rois. — Faire la barbe à quelqu'un. — Rire dans sa barbe. — Il faut battre le fer quand il est chaud. — Battre le pavé.

98. *A*. Copier par espèces les pronoms de l'exercice suivant, en indiquant la fonction de chacun :

Que deviendrions-nous si la Providence nous abandonnait un seul instant ? S'il est des jours amers, il en est de si doux ! Tel rit aujourd'hui qui pleurera demain. Ce qui fait que si peu de personnes sont agréables dans la conversation, c'est que chacun songe plus à ce qu'il a dessein de dire qu'à ce que les autres disent. (La Rochef.). Chacun voit ceux d'autrui d'un autre œil que les siens. (P. Corneille). Nul ne peut servir deux maîtres, dit le Christ. Quiconque n'est pas avec moi est contre moi. A-t-on jamais rien vu de pareil? Que me voulez-vous? Ce qui lui entrait par une oreille lui sortait par l'autre. Votre père est plus âgé que le mien. Qui vous a dit cela? Ces deux élèves ont chacun leur mérite : celui-ci est plus docile, celui-là plus appliqué. Ceux qui ont le cœur bon valent mieux que ceux qui n'ont que de l'esprit. Son opinion lui paraît juste parce que c'est la sienne. Aimez-vous les uns les autres. Y pensez-vous? De ces deux tableaux lequel préférez-vous, celui-ci ou celui-là ?

B. Ajouter une apposition aux noms suivants :

Le Corrège, le sculpteur, Lavoisier, Jeanne d'Arc, Soufflot, la ville, le Havre, le philosophe, la vertu, Cuvier, le fleuve, Henri IV, la province, Drouot, Singapour, le Titien, Madagascar.

C. Impér., 2e pers. sing. :

Recouvrir, se convaincre, en apporter, en appeler, bouillir, frire, se revêtir, savoir.

Ind. prés. et subj. prés., 3e pers. sing :

Résoudre, moudre, proférer, feuilleter, valoir, devoir, savoir, lire, écrire, se dédire.

99. *A*. **Emploi du pronom.** Corriger, s'il y a lieu :

Les enfants doivent imiter leurs parents dans ce qu'ils font de bien. La mère réprimanda sa fille ; elle se jeta à ses genoux et lui demanda pardon. L'avocat a bien défendu son client ; les juges l'ont acquitté à l'unanimité. Il a demandé grâce et il l'a obtenue. Fuyez les plaisirs qui corrompent les âmes qui aiment la vertu. Votre frère nous a fait réponse, mais elle ne nous a pas satisfaits. Ce n'est pas tout de demander conseil ; il faut le suivre. On aime qu'on nous approuve ; mais on n'aime pas qu'on nous blâme.

B. Compléter par **b, bb ; d, dd :**

A—age, é—ullition, a—osser, a—attre, ra—in, a—ition, i—is, a—aye, sa—at, a—epte.

C. Ind. prés., 1re p. sing. :

Aller, requérir, bouillir, tressaillir, valoir, mouvoir, déchoir.

100. *A.* **Place des pronoms personnels :**

(Vous, moi, les, je). — avez de beaux livres ; prêtez-— —, — — prie. — — — prêterai volontiers ; mais — aurez soin de — — rendre. (Moi, nous, on, vous, y). — — — (inviter, pas. ind.), — et — ; voulez — — venir? (Lui, vous, il, le). Votre ami — demande un service ; rendez — — . — attend de — des conseils ; donnez — — . (En, moi, vous). Quand — aurez reçu des nouvelles, faites — — part.

B. **Analyse.**

Copier en mettant la ponctuation et en marquant du chiffre 1 les incidentes déterminatives et du chiffre 2 les incidentes explicatives :

Cet enfant dont j'ai maintes fois admiré les bons sentiments mérite l'intérêt que vous lui portez. La lettre que vous avez reçue vous donne-t-elle les renseignements que vous attendiez ? Saint Louis qui fut un de nos plus grands rois s'est illustré autant par sa piété que par sa sagesse et son courage. L'homme qui est le roi de la création se ravale souvent au niveau de la brute. La mort qui n'épargne personne est la véritable égalité. C'est mon oncle qui m'a raconté ce fait. La vertu que Jésus-Christ recommande le plus est la charité. La vertu qui assure notre bonheur éternel nous rend aussi heureux en cette vie.

C. Analyser les mots en italique et dire comment on distingue certains pronoms d'autres mots qui leur ressemblent :

On *leur* a rendu *leurs* livres. Etes-vous *la* sœur de *ce* jeune homme? — Je *la* suis. Etes-vous souffrante? — Je *le* suis. Ils vous demandent vos conditions ; donnez-*les-leur*. *C'*est *ce* que je vous avais dit. *En* engageant ma parole, je ne *l'*ai pas fait comme plusieurs autres ; j'avais l'intention *d'y* être fidèle, et je viens de vous *en* donner la preuve. On *en* sort plus facilement qu'on *n'y* entre. *Nul* n'est exempt de peine.

D. Participe passé de :

Croître, bénir, oindre, mouvoir, redevoir, choir, frire, clore, luire, repaître.

101. *A.* Remplacer les noms compléments par des pronoms :

Allez trouver le ministre ; parlez au ministre de mes projets. Donnez du pain à ce pauvre. Faites savoir cette nouvelle à votre oncle. Promène-toi au jardin. Demande beaucoup de grâces. Va en classe. Ne dites pas cela à cet étranger.

B. Trouver les propositions ou les expressions contraires :

L'éléphant est un des plus grands animaux. La vertu est le bien le plus précieux de l'homme. La France est un des pays les plus civilisés du monde. Pauvreté n'est pas vice. Heureux l'homme qui accomplit la loi de Dieu! L'eau stagnante est rarement potable. L'obéissance est une des vertus principales de l'enfance. Oubliez les services rendus. La vraie science conduit à Dieu.

C. Imparf. du subj., 3e p. sing. :

Mouvoir, feindre, lire, coudre, boire, revoir, fuir, retenir, requérir, complaire, naître, sourire, vivre.

102. *A.* **Répétition des pronoms.** Remplacer, quand il y a lieu, les noms sujets ou compléments par des pronoms convenables :

Je crains Dieu et — n'ai point d'autre crainte. Nos soldats vont, — courent, — volent et — mettent l'ennemi en déroute. En classe on lit, — écrit, — calcule, — chante. Un bon élève repasse son devoir, — — corrige et — — polit. Durant sa vie publique, Jésus guérissait les malades, — ressuscitait les morts, — prêchait au peuple sa doctrine et — donnait à tous les preuves (le *ou* les) plus éclatantes de sa divinité.

B. Compléter les phrases elliptiques :

Malheur à l'homme sans religion! Quand partirez-vous? — Demain. Vous avez un livre plus intéressant que le mien. Quelqu'un est venu vous voir; dites-moi qui. Pierre est plus appliqué que Louis. Que demandez-vous? — Un bon conseil. Savez-vous votre leçon? — Oui.

C. Contraire de :

1. Un fruit mûr. — 2. Un temps pluvieux. — 3. Un hiver froid. — 4. Une récolte abondante. — 5. Un élève laborieux. — 6. Un enfant poli. — 7. Un enfant reconnaissant. — 8. Un terme propre. — 9. Une expression claire. — 10. Une proposition elliptique. — 11. Une pensée généreuse. — 12. Une parole blessante. — 13. Un langage simple. — 14. Une intention droite. — 15. Une voix claire.

103. *A.* **Il, elle, lui, soi :**

En travaillant pour Dieu, le chrétien travaille pour —. Le limaçon emporte sa maison avec —. Toute faute entraîne après — un châtiment. L'égoïste rapporte tout à —. Quiconque ne pense qu'à — est indigne de vivre. La guerre traîné après — de grandes misères. Il est beau de triompher de —. Les vrais biens de l'homme sont ceux qu'il emporte avec — dans l'éternité.

B. Analyser les propositions :

Que voulez-vous que je fasse? Là où règne la vertu règne le bonheur. Quel mérite aurions-nous à n'aimer que ceux qui nous aiment? Faites du bien même à ceux qui vous haïssent, dit Jésus-Christ.

C. Remplacer les compléments par une épithète, et réciproquement :

Régime du lait. Proportions de géant. Cavité buccale. Os du nez. Sources d'eau chaude. Flore des Alpes. Paysage semblable à ceux des Alpes. Pavillon de la Grande-Bretagne. Eaux de pluie. Navigation des fleuves. Amour entre frères et sœurs. Rocher de granit. Plante qui croît dans l'eau.

104. *A.* **Le, en, soi, y.** — **C'est** ou **ce sont :**

(C'être, interrog.) là vos sœurs? — Oui, (c'être —.) — On m'avait dit qu'elles étaient malades. — Oui, elles (être, pas. ind. —); mais elles ne (être, prés. —) plus. Vos devoirs sont trop fautifs; il faut — mettre plus de soin. — Cet enfant est sincère, fiez-vous —. Sont-ils les voyageurs annoncés? — (C'être —). — Etes-vous la malade dont on nous a parlé? — Je — suis.

B. Préfixes **co, com, con.** Dire l'idée exprimée par ces préfixes, ajouter un de ces préfixes aux mots suivants :

Forme, existence, pâtir, opérateur, ordonner, éternel, acquéreur, patriote, frère, exister, héritier, disciple, propriétaire, partageant, accusé, débiteur, habitation, intéressé.

C. Ind. prés., 1re et 3e pers. sing. :

Résoudre, luire, plaire, vaincre, coudre, s'asseoir, peindre, décroître.

105. *A.* **En, soi, y.** — **C'est** ou **ce sont.** — Copier, en remplaçant les mots en italique par ceux qui se trouvent entre parenthèses :

Je me charge de *ces enfants*, je leur donnerai tous mes soins (cette affaire). — C'est *notre mère* qui m'a chargé de vous annoncer cette nouvelle (vos parents). — Quant à *vos objections*, j'y répondrai (votre frère). — *Ces enfants* travaillent pour eux-mêmes (chacun). — Peut-être ne reverrez-vous jamais *vos amis*. Il est possible, mais je me souviendrai toujours d'eux (ces monuments). — Oubliez *cette déception* et ne vous en occupez plus (vos contradicteurs). — *Mon ami, tu* ne saurais être bon prophète chez toi (personne). — Loin de *nos parents*, nous sentons mieux les liens qui nous attachent à eux (la patrie). — C'est *votre frère* que j'aperçois dans le lointain (nos amis).

C'est *toi* qui as rendu ce service (lui). C'est *Louis* qui a donné cette réponse (moi). *Vous* êtes quatre qui avez bien récité les leçons (nous). C'est *vous, Charles*, qui m'avez rendu ce service (mes amis). *Nous* sommes les cinq qui ont fait leurs devoirs sans faute (vous). *Vous* êtes trois qui avez obtenu la première place (nous). C'est *lui* qui doit me remplacer demain (toi).

B. Noms dérivant des mêmes racines que les mots suivants :

Peindre, absoudre, vendre, feindre, lier, pendre, manger, raisonner, assembler, allier, paître, naître, fuir, abolir, diriger, enfreindre.

C. Espèce et temps des verbes suivants :

Qu'ils fussent arrivés. Qu'ils fussent punis. Avoir dû venir. Etant venu, étant aimé. Il se serait flatté. Vous seriez reçus. Ayant dû partir. Devant lire.

106. *A*. **Celui-ci, celui-là, ceci, cela :**

Corneille et Racine ne sont pas admirables au même titre : — a plus d'élégance, et — plus de force. J'hésite entre la rose et le lis ; — a plus d'éclat, — plus de majesté. La Providence a placé le pauvre à côté du riche, afin que — partage son superflu avec —. Fénelon et Bossuet étaient deux grands orateurs chrétiens ; — prouvait la religion et — la faisait aimer. Retenez bien — : la seule chose nécessaire (est *ou* c'est) de sauver votre âme. Soyez toujours bien respectueux et soumis, — vous portera bonheur.

B. Grouper les mots suivants d'après leurs racines :

Décapiter, album, chapeau, débat, chapiteau, aube, battre, carnassier, abattoir, charnu, albinos, chair, bataille, capital, rapport, chevet, ébats, chef, incarné, capitaine, fait, infirme, défaire, affermir, déporter, affaire, ferme, manuel, port, menotte, presse, réprimande, manuscrit, expresion, portatif, repli, réfectoire, firmament, imprimer, malfaiteur, ployer, simplicité, difficile, remanier, duplicité, efficace, manœuvre, emporter.

C. **L'été dans les montagnes du Jura.**

L'air est chaud ; le soleil darde son ardent rayon sur

les remparts de neige qui se fondent et achèvent, en les arrosant, de féconder les sillons. De temps à autre, on entend de longs craquements et des bruits sourds pareils à ceux de l'avalanche : ce sont des forêts de sapins qui jettent à terre leur lourd manteau et reparaissent fièrement avec leurs larges rameaux, dont nulle saison ne ternit l'éclatante verdure.

Bientôt tout s'anime, tout est en mouvement sur cette terre où l'on ne rencontrait, il y a quelques semaines, qu'un traîneau aventureux, où l'on n'entendait que le sifflement plaintif de la bise et la vibration plus plaintive encore des cloches de l'église. Le laboureur attelle gaiement ses chevaux à la charrue; le berger traverse le village avec sa corne rustique et conduit les troupeaux au pâturage en chantant la vieille chanson de ses pères. Toute cette saison d'été éclôt en un instant, comme une plante vigoureuse, et présente, pendant des mois entiers, au pinceau de l'artiste, à la rêverie du poète, une splendeur étonnante ou un tableau d'une douceur mélancolique sans égale. (XAVIER MARMIER.)

Copier dans un 1er alinéa les mots employés au figuré;
— 2e, les épithètes de caractère;
— 3e, les attributs;
— 4e, les compléments directs.

107. *A*. **Pronoms relatifs. Qui, lequel, d'où, dont,** etc. :

Nous (côtoyer, imparf.) l'abîme, — s'échappait un bruit semblable au tonnerre. Aimer Dieu et le prochain, voilà les préceptes — découle toute la morale. C'est la sœur de votre cousin, — je vous ai parlé hier, qui est morte. La famille — descendait Pierre l'Ermite avait été (anoblie ou ennoblie). La félicité à — j'aspire est infinie. Les brisants sont des rochers contre — les navires sont exposés à se briser. Craignez ceux — la bouche souffle le chaud et le froid. Le Gerbier-des-Joncs, — sort la Loire, appartient à la chaîne des Cévennes. L'enfant — tout le monde cède, sera malheureux.

Substituer les mots entre parenthèses à ceux qui sont en italique :

Donnez-moi des nouvelles *du blessé* (affaire) à qui vous avez donné vos soins. *La réunion* (la famille) d'où il sort... *Dieu* (l'entreprise) à qui j'ai consacré ma vie...

B. Contraire de :

Liberté, victoire, vrai, acheter le superflu, raboteux,

frêle, déblai, clairière, amour, créancier, bis, eau courante, sommeil profond, myope, embellir, éparpiller.

C. **Ce qui, que..., c'est :**

Richelieu désirait par-dessus tout l'abaissement de la maison d'Autriche. L'espérance d'une vie meilleure nous soutient dans l'adversité. Napoléon dut sa perte à son ambition sans bornes. Notre-Seigneur reconnaît ses disciples à l'amour qu'ils ont les uns pour les autres.

D. Sens des préfixes **im, in, ir.** Les combiner avec les mots suivants :

Mangeable, sensé, praticable, faisable, explicable, exactitude, variable, réflexion, résolution, réductible, rémissible, validité, crédule, utile, humain, interrompu, sensible, salubre, fidélité, partial, moral, modéré, modestie, attention, altérable, prudence, propre.

108. *A.* **C'être** ou **être :**

L'aliment de l'esprit — la vérité. Ce qui fait le bonheur des individus, des familles et des nations, — l'observation des commandements de Dieu. Ne penser qu'à (lui, soi) — le propre de l'égoïste. La vertu la plus agréable à Dieu — la charité. Espérer — jouir. Le seul mal véritable — le péché. Parler sans réfléchir — tirer sans viser. Vivre content de peu — être riche.

B.	*Ind. prés.*	*Imparf.*	*Pas. déf.*	*Pas. ind.*
Je	peler,	abréger,	tondre,	se taire,
Tu	absoudre,	accroître,	mouvoir,	se prévaloir,
Il	seoir,	gésir,	naître,	mourir.

C. **Place du pronom relatif. — Equivoque. — Qui, que multipliés. — Qui ou lequel. — Répétition vicieuse d'un même complément.** (Corriger, s'il y a lieu) :

J'ai fait un voyage en Italie qui m'a beaucoup intéressé. La mort de cet ami dévoué m'a fait une plaie au cœur dont je me ressentirai toujours. Il y a plusieurs passages dans vos devoirs qui sont incorrects. Ecoutez les avis de vos parents, qui sont dictés par l'expérience. J'ai reçu une lettre qui m'a été écrite par un ami qui habite un château qui est bâti sur les bords de la Loire. La géométrie, à qui je m'applique maintenant, fait mes délices. C'est de l'ami de votre frère dont je vous ai parlé. La mère de Joseph, qui est très charitable, veut se charger de cet enfant.

109. *A.* **Chacun son, leur :**

Boileau et Molière (s'illustrer, pas. ind.) chacun dans

— genre. La victoire fut indécise et les armées regagnèrent chacune — positions. Nous devons tous travailler au bien du pays, chacun selon — condition et — moyens. Les diverses régions de la France ont chacune — coutumes et — modes. Ils apportèrent leurs offrandes, chacun selon — moyens. Remettez ces livres chacun à — place. Ils ont reçu chacun — part.

B. Pas. déf., 1re p. plur. :

Fuir, astreindre, boire, écrire, résoudre, ceindre, coudre, croître, connaître, nuire, moudre.

C. Compléter par une principale les propositions qui sont marquées du chiffre 1.

Compléter par une incidente celles qui sont marquées du chiffre 2.

Compléter par une complétive celles qui sont marquées du chiffre 3.

Compléter par une circonstancielle celles qui sont marquées du chiffre 4.

... Nous [1] ressusciterons un jour. Vos maîtres désirent [3]... On aime les enfants [2]... Dieu [1] voit tout. Vos maîtres vous signalent vos défauts [4]... Le travail [2] s'impose à tous les hommes. Ignorez-vous [0]...? Nous vénérons le Souverain Pontife [4]...

D. Sens du préfixe **ad**. Comment se transforme-t-il devant certaines lettres? Le combiner avec les mots suivants :

Franc, front, céder, croître, nonce, nul, sujet, prix, grave, verbe, ministre, tendre, climat, sûr, table, tribut, quitte, rive.

110. *A*. Genre et nombre de certains pronoms :

A votre âge, ma fille, on est bien (étourdi). On est trop souvent (prosterné) devant les riches et les puissants. Quiconque d'entre vous, mes filles, se sera (signalé) par un travail, une application (soutenu), obtiendra une récompense. Quand on est mère, on est (accablé) de mille soucis. Dans le monde on est (ami) aujourd'hui, et demain (rival). O ma sœur, quand on est (éprouvé) comme tu l'es, on a besoin de prier.

B. Dire si les mots en italique sont affirmatifs ou négatifs :

A-t-on *jamais* vu *aucune* scène de ce genre? *Jamais* le cœur n'est plus à l'aise qu'au moment de la prière. Vous êtes-vous *jamais* demandé s'il y avait *rien* de meilleur? Y a-t-il *jamais* eu *personne* de plus cruel que Néron? Il n'y a rien de plus beau que d'être à son devoir, surtout quand on n'est vu de *personne*.

C. Donner le sens des expressions suivantes :

Battre froid à quelqu'un. — Suivre le chemin battu. — A quelque chose malheur est bon. — Toutes vérités ne sont pas bonnes à dire. — Avoir la tête près du bonnet. — Faire contre mauvaise fortune bon cœur. — Nul bien sans peine. — Le mieux est souvent l'ennemi du bien. — Enfermer le loup dans la bergerie. — Il a pris cela sous son bonnet.

111. *A.* **L'un l'autre, l'un et l'autre,** etc. :

Durant la guerre de Crimée, les Français et les Russes se regardaient — avec admiration; — en effet se distinguaient par un courage et une noblesse d'âme (admirable). — Dieu n'a pas accordé les mêmes dons —. L'égoïsme et l'amitié s'excluent —. Les chrétiens doivent se pardonner —. Nous devons nous encourager — au bien. —avaient tort. Ils cherchaient à se nuire —. Aidons-nous en portant le fardeau —.

B. Corriger l'ancienne orthographe des mots suivants :

Prosne, teste, seurement, hospital, oncques, aoust, seureté, prester, piquure, veult, costé, voulte.

C. Commencer les phrases suivantes par **c'est :**

La pomme de terre nous vient d'Amérique. Notre bonheur ou notre malheur éternel dépend de nos œuvres. Les serins nous viennent des îles Canaries. Les Phocéens ont fondé la ville de Marseille. Le farouche Attila fut défait dans les plaines de Châlons par les Gallo-Romains. Ces livres vous appartiennent-ils? La civilisation dont nous jouissons nous vient de l'Eglise catholique.

CHAPITRE VI

LE VERBE

112. *A.* Qu'est-ce que le verbe? Combien y a-t-il de sortes de verbes? Qu'appelle-t-on verbe substantif? — verbes auxiliaires? — verbes attributifs? Quelles sont les différentes sortes de verbes attributifs? à quoi reconnaît-on chacune de ces espèces?

B. Décomposer les verbes suivants, afin de distinguer le verbe être et l'attribut :

Nous partirons. — Si l'on n'avait construit une digue, le fleuve eût débordé. — J'aurais désiré que vous vinssiez. — Sachez qu'il vous en coûterait moins de combattre vos mauvais penchants que de les satisfaire. — Avant que Stanley et de Brazza eussent exploré l'Afrique, nos missionnaires y avaient déjà pénétré.

C. **La leçon de l'hirondelle.**

Mettre le récit *a*) au présent ; *b*) au passé ind., en mettant dans la 2e phrase : « Les petits ont regardé, etc. »

La mère (se lever) sur ses ailes. Le petit (regarder) attentivement, puis (se soulever) aussi, (agiter) ses ailes et (voleter). Ces premiers essais (être) faciles, parce qu'ils se (se faire) dans le nid. La difficulté (commencer) quand il (s'agir) d'*en sortir*. Elle (l'appeler) et lui (montrer) quelque menu gibier ; elle (essayer) de l'attirer par l'appât d'un moucheron. Pour moi, je vous le déclare, la scène (être) (émouvant). Il (falloir) qu'il (croire) sa mère, il (falloir) qu'elle (se fier) à l'aile du petit. Des deux côtés, Dieu (exige) un acte de foi, de courage, noble et sublime *point* de départ !... Il (croire), il (se lancer), et il ne pas (retomber). Tremblant, il (nager), soutenu des cris (rassurant) de sa mère. Désormais il (voler) *indifférent* par les *vents* et par les orages.

(D'après MICHELET.)

Fonction des mots en italique.

113. *A*. Copier en trois alinéas, selon leur espèce, les verbes pronominaux suivants (1) :

Ce cheval s'est vendu 1.200 francs. Ils se sont nui. Le malade s'affaissa. Elle se plaint. Ils s'arrogent des droits exorbitants. Taisez-vous. Ils se rient de notre faiblesse. Que de générations se sont succédé depuis Adam ! Abstenez-vous du mal. Ne vous y fiez pas. Ils se sont empressés, — élancés, — ingéniés, — méfiés, — injuriés. Mon frère se nomme André. L'essieu s'est rompu. Ce mot se trouve dans Phèdre. Cela se trouve partout. Ces fruits se mangent avec délices.

B. Qu'appelle-t-on radical et terminaison dans les verbes ? — temps et modes ? — Qu'exprime l'imparfait ? — le passé défini ? — le passé indéfini ? — le plus-que-parfait ? — le passé antérieur ? — Dans quels cas emploie-t-on le subjonctif ?

C. Passé défini, 1re p. :

Déduire, enfreindre, mouvoir, croître, échoir.

(1) Les verbes pronominaux sont ***accidentels*** ou ***essentiels***, et parfois ils ne sont qu'*apparents* et tiennent la place d'un verbe passif. Ainsi, quand je dis : Cela se voit souvent, c'est comme s'il y avait : Cela est vu souvent.

Fut. s., 3e p. sing. :

Déchoir, prévoir, requérir, s'asseoir, ficeler, acheter, rejeter.

D. Essayer, harceler, assaillir, se prévaloir, s'élever, savoir, envoyer, recéler, recueillir, projeter, accourir, assiéger, déchoir, amonceler :

« O Jérusalem, cité perfide, qui, pleine d'un fol orgueil,... (présent) de ta gloire passée et... de faire mourir les prophètes que le ciel te..., qui... contre les enseignements du Christ et... en ton sein ses ennemis les plus acharnés,... (impér.) que bientôt tu... (fut. s.) les fruits de ton orgueil et de ton ingratitude ! Voici que tes ennemis... (fut. s.) en masse, ils te... de toute part, ils te... et te... avec fureur, et ils... ruines sur ruines. Tu... (fut.) de ta gloire et ton nom ne... plus aucun éclat. »

114. *A.* **Accord du verbe avec le pronom relatif.** Copier l'exercice suivant en mettant en apostrophe les noms et les pronoms suivis du pronom relatif *qui :*

Le petit oiseau (qui voleter, prés. et gazouiller) dans le bocage, la tendre fleur qui (entr'ouvrir) sa corolle aux premiers rayons du soleil et (répandre) dans les airs son parfum délicieux, le ruisseau qui (serpenter) dans la prairie et (arroser) en murmurant les champs et les bois, le soleil qui nous éclaire, la mer immense qui roule ses vagues mugissantes, ne (cesser) de nous rappeler la grandeur, la puissance et la bonté du Dieu qui les (faire, pas. ind.). L'enfant qui ne cherche que le plaisir et qui oublie ou méconnaît le véritable but de la vie, se prépare les plus amers regrets. Qu'ils sont heureux, ceux qui peuvent se dire chaque jour avant de s'endormir : « Je n'ai pas perdu ma journée », qui s'endorment avec la certitude d'avoir fait quelque bien, et qui s'éveillent avec de nouvelles forces pour devenir meilleurs ! (J. de Maistre.)

B. Analyser les sujets, les attributs et les compléments directs :

Qui n'aime pas Dieu n'aime que soi (Bossuet). — C'est le comble de l'ignorance que d'être orgueilleux (Fontenelle). — Tout homme de courage est homme de parole, et fuit plus que la mort la honte de mentir (P. Corneille). — Il est des insensés qui craignent plus les hommes que Dieu. — C'est donner deux fois que de donner avec empressement.

C. Semer, considérer, rejeter, s'inquiéter, se confier, pourvoir, bénir, alléger, s'apitoyer :

En toutes choses... (imp. sing.) la fin. Dieu ne... (fut. s.) pas les cœurs (repentant). L'orge se... (prés.) au printemps. Ne... (imp. plur.) pas trop de votre corps : Dieu... (fut. s.) à vos besoins, pourvu que vous... en sa providence. Celui qui ne... (prés.) pas sur le sort du pauvre ne sera pas... de Dieu. L'espérance... (prés.) tous nos maux.

D. **Accord du verbe avec le sujet :**

(C'être)
moi qui (venir, pas. ind.).
toi qui (résoudre, pas. déf.) ce problème.
lui qui (recueillir, fut. s.) cette succession.
nous qui (acquérir, fut. s.) votre propriété.
lui et sa sœur qui (arriver, pas. ind.).
vous ou votre cousin qui (être, fut. s.) (premier).
vous ou moi qui (être, prés.) le roi, dit le paysan à Henri IV.
eux qui (s'émouvoir, pas. déf.) les premiers.
les évêques et les moines qui ont civilisé l'Europe.
votre inattention et votre paresse qui nuisent tant à vos progrès dans les études.

115. *A.* **Accord du verbe :**

C'est du travail que (naître, prés.) le progrès et le bien-être. L'autruche, comme le lion, (habiter, prés.) l'Afrique et l'Asie méridionale. L'ordre, l'harmonie qui (régner, prés.) dans toutes les parties de l'univers (prouver, prés.) l'existence de Dieu. Vieillards, femmes, enfants, tout (massacrer, pas. déf. passif) à Thèbes par les soldats d'Alexandre. C'est de votre réponse, dit l'ambassadeur, que (dépendre, fut. s.) la paix ou la guerre. Nous comptons que vous ou votre frère (venir, fut. s.). Un mot, un geste, un regard (trahir, prés.) souvent le criminel.

La cupidité ou { être cause (prés.) de bien des maux.
la colère { être le mobile (pas. ind.) de ce crime.

B. Fonction des infinitifs suivants :

Que sert-il de vivre longtemps, si l'on ne cherche pas à bien vivre ? Est-ce aimer Dieu que de croire faiblement sa vérité ? (Fléchier.) Antonin avait appris à son fils Marc-Aurèle qu'il valait mieux sauver un seul citoyen que de défaire mille ennemis. (Bossuet.) Il consent à partir. Il s'amuse à voir couler l'eau. Le désir de retrouver les siens. Il y a du danger à dire la vérité aux grands. Que d'hommes passent leur vie à regretter le passé et à se plaindre du présent ! Croyez-vous qu'il suffise de semer pour récolter ? Taire un service qu'on a rendu, c'est ajouter au bienfait. (Littré.)

C. Vaincre, fleurir, acquérir, méconnaître, ressortir, semer, se prévaloir, recueillir, déchoir, contredire, gésir, appeler, se repaître, bourreler, recourir :

Vous... (fut. s.) la véritable gloire par la fidélité à tous vos devoirs. — Les arts... (imparf.) sous les Médicis. — Les remords... (prés.) la conscience du criminel, à (quelque) moyens qu'il... pour les étouffer. — Malheur à vous, qui... (prés.) de votre puissance et qui... l'enseignement du Christ ! Vous... (fut.) un jour honteusement et vous... en vain ce Dieu que... (pas. ind.). — Cette affaire... (prés.) du Conseil d'Etat. — Achab... (imparf.) baigné dans son sang, et les chiens... de ses chairs. — Courage ! âme chrétienne,... (impér.) tes passions : tu... (fut.) bientôt dans l'allégresse ce que tu... (prés.) aujourd'hui dans les larmes.

116. *A.* Introduire **c'est... que** dans les phrases suivantes :

Les plantations de pins dans les Landes sont dues à Brémontier. A François Ier succéda Charles IX. Le tunnel du mont Cenis commence à Bardonnèche. Les jardins de Versailles furent dessinés par Le Nôtre. Jean Bart et Tourville sont sortis de la marine marchande. Les phares modernes sont dus à l'initiative de la France.

B. Classer les verbes suivants en cinq colonnes, selon leur espèce :

Etre venu ; il me souvient ; avoir vu ; être aimé ; s'être plaint ; qu'il fût devenu ; il eût dormi ; étant sorti ; devoir venir ; il me plaisait d'écouter le murmure des vagues ; il était menacé d'un grand malheur ; s'il s'était rendu à mes avis, il eût évité cet ennui ; il s'était accusé ; ayant été aimé ; étant tombé ; étant entendu ; ayant loué ; s'étant persuadé ; qu'il neigeât ; devoir s'abstenir.

C. Dire le sens des expressions suivantes :

1. Mettre des bâtons dans les roues. — 2. Battre l'eau avec un bâton. — 3. Faire une chose à bâtons rompus. — 4. Avoir barres sur quelqu'un. — 5. Charmer les loisirs de quelqu'un. — 6. Elever quelqu'un jusqu'au ciel. — 7. Remuer ciel et terre pour réussir. — 8. Avoir quelque chose sur le cœur. — 9. Cela lui est allé au cœur. — 10. Cet homme a un cœur d'or.

117. *A.* **Accord du verbe :**

(Venir, prés.) la pauvreté ou la maladie, le chrétien

saura être à la hauteur de l'épreuve. La France, l'humanité (tout) entière (s'honorer, prés.) des Vincent de Paul et des Belzunce. Le plaisir ou l'ambition (mener, prés.) un grand nombre d'hommes. L'envie, ainsi qu'un chancre, (ronger, prés.) le cœur. (Quel) que (être, prés.) votre talent et votre expérience, il est nécessaire que vous (se défier, prés.) de vous-même. Le moindre choc, un souffle me (renverser, cond. pas., 2e f.). La jacinthe ainsi que la tulipe (être, prés.) de la famille des liliacées. (Puisse) la prospérité et le bonheur s'attacher à vos pas! Nous sommes douze qui (avoir, pas. ind.) la note très bien. Ni la menace ni la séduction (n'ébranler, imparf.) les martyrs. Nous sommes les trois voyageurs qui (s'égarer, pas. ind.).

Nous sommes { les seuls qui / beaucoup } (être témoins, pas. ind.) de cette scène.

B. **Dans les Pyrénées.**

Les montagnes s'élèvent, se suivent et s'enlacent comme les *anneaux* d'*une chaîne* continue. Souvent vous croyez voir la route se fermer brusquement devant vous ; les montagnes l'arrêtent de toutes parts. Mais avancez encore : voici la gorge qui s'ouvre ; voici la route qui s'enfuit par une nouvelle *sinuosité*. A chaque pas, c'est un vallon qui s'élargit, c'est l'aspect général du tableau qui change ; c'est la cime des montagnes qui s'élance en pyramide, s'arrondit comme un *globe*, se déchire comme les flancs d'un cratère ou s'aplanit comme une terrasse. C'est quelquefois une masse de rochers élevée à pic, comme une muraille, puis des forêts de sapins, puis un espace de verdure, *où*, le long d'un étroit sentier, le mulet grimpe avec sa lourde charge, où la maison d'un laboureur apparaît au loin comme un ermitage. *Au milieu de* ces rochers, de ces montagnes, l'œil ne se lasse pas de *voir* cette vallée si riante et si fertile. (XAVIER MARMIER.)

1° Copier les verbes, en indiquant l'espèce de chacun.
2° Copier les mots employés au figuré.
Fonction des mots en italique.

118. *A.*

(C'être) { la probité et le travail / les traditions de probité et de travail } qui (être, prés.) le patrimoine de cette famille.
(C'être) { les Français / Pélissier } qui (remporter, pas. déf.) la victoire de Traktir.

(C'être)

la terre les champs	qui (faire, prés.) la richesse du laboureur.
vous (interrog.) vos frères	qui m'(appeler, pas. ind.)?
la piété, l'obéissance et le travail les habitudes de piété, d'obéissance et de travail	qui (être, prés.) les vertus caractéristiques du bon élève.
une période des journées	(fatigant) que (celle) des grandes manœuvres.
une heure trois heures	qu'il vient de sonner.
les commandements de Dieu la justice et la charité	qui nous ordonnent d'aimer le prochain.

B.	*Ind. pr.*	*Imparf.*	*Fut. s.*	*Subj. imp.*
Je	épeler,	se revêtir,	savoir,	s'asseoir,
Tu	acheter,	résoudre,	recourir,	haïr,
Il	bourreler,	essuyer,	octroyer,	contraindre,
Nous	savoir,	désavouer,	déceler,	sourire,
Vous	se contredire,	faillir,	mouvoir,	croire,
Ils	dételer,	travestir,	amonceler,	coudre.

119. *A.* Changer le nombre des mots en italique :

Aimer Dieu et le prochain, c'est là le *devoir* de tout homme. C'est là une *conséquence* de votre indocilité. C'est une *journée* qu'il fallait consacrer à ce travail, et non pas une *heure*. C'est la *vertu* qu'il faut estimer, et non l'argent. Est-ce là votre *cousin ?* — Ce l'est. N'est-ce pas votre *frère* qui est venu? Faire aimer Dieu et sauver les âmes, c'est là la seule *ambition* du missionnaire.

B. Donner le sens des expressions suivantes :

1. Changer de batterie. — 2. Changer de note. — 3. Il faut détendre l'arc. — 4. Tourner autour du pot. — 5. C'est un avertissement du ciel. — 6. Mesurer les autres à son aune. — 7. Le dîner attend. — 8. A l'article de la mort. — 9. Croire une chose comme un article de foi. — 10. Faire tomber les armes des mains de quelqu'un.

120. *A.* Remplacer les noms en italique par les mots entre parenthèses :

C'être (interrog.) *Pierre ou Charles* (vos cousins) qui (venir, pas. ind.)?

La multitude (la plupart) des hommes (ignorer, prés.) le prix des souffrances.

(C'être) *la chaleur et l'humidité* (les pluies) qui (féconder, prés.) les travaux du laboureur.

(C'être, interrog. négat.) là *un prétexte* (des prétextes) pour excuser votre négligence?

B. Ajouter aux sujets les mots entre parenthèses :

Votre frère priait (vous). Ma tante voyagera (moi). Je partirai demain (vous). L'histoire a fait de grands progrès depuis quarante ans (aussi bien que les sciences physiques). La gloire ne peut séduire le chrétien (non plus que les richesses). La puissance ne doit servir que pour le bien (comme le talent). Béni soit l'homme charitable et dévoué! (remplacer *homme* par *gens*.)

C. Changer le nombre des verbes suivants :

Je trace, que vous marteliez, projetez-vous? J'étudiais, tu appelles, que nous courions, il se dissout, vous chancelez, je nage, qu'ils rient, elle se récréait, qu'ils courussent, ils vainquent, tu feignais, nous cédons.

D. Ecrire deux fois les phrases suivantes, en transposant la seconde fois les mots en italique :

(C'être)
- *ma tante et mes cousins* qui (venir, pas. ind.) me voir.
- *les préoccupations et le travail* (continuel) qui (ruiner, pas. ind.) sa santé.
- (interrog.) *le démon ou vos inclinations* qui (être, prés.) la principale cause de vos fautes?
- *la maladie ainsi que les revers* qui (éprouver, prés.) notre vertu.
- *votre bonne volonté et non vos succès* qu'on a (récompensé).

121. *A.* **Auxiliaires des verbes.** Mettre les verbes au pas. ind. :

C'est grâce à votre inattention que tant de fautes vous (échapper). Les Pères du Concile de Trente (demeurer) assemblés pendant dix-huit ans. Nous (demeurer) deux ans à Marseille. Ils (convenir) de toutes les conditions. Que de villes et de peuples (disparaître) de la terre! L'aéronaute (monter) à une hauteur prodigieuse et (disparaître) à nos regards. La suffisance (ne jamais convenir) à personne. Que de traits héroïques (demeurer) dans l'oubli! Il (monter) l'escalier avec précipitation. Le régiment (passer, pl.-q.-p.) sous ses fenêtres. L'armistice (expirer, part. passé avec auxil.), les hostilités recommencèrent. Le voleur (échapper) aux gendarmes.

B. Compléter par le son **x, s...** :

Anne—ion, déser—ion, diapa—on, a—er—ion, flu—ion, o—illa—ion, absorp—ion, men—ion, ten—ion, fa—é—ie, dimen—ion, conten—ieux, senten—ieux, impéri—ie, calvi—ie.

C. Changer l'actif en passif, et réciproquement :

Dieu créa Adam et Eve dans un état de justice. C'est par un témoin oculaire que ce fait m'a été rapporté. Les eaux du déluge couvrirent la terre; mais Noé et sa famille furent épargnés par Dieu. Quand vous êtes éprouvé par le malheur, songez que vos prières toucheront votre Père céleste, qui vous fortifiera et vous consolera. Ce jeune homme modeste, respectueux et docile est estimé et aimé de tous ceux dont il est connu.

D. Dire le sens des expressions suivantes :

Battre le pavé. *Battre* le fer quand il est chaud. *Battre* la campagne. *Battre* monnaie. — Jouer *cartes* sur table. Donner *carte* blanche à quelqu'un. Perdre la *carte*. — *Couper* la parole à quelqu'un. *Couper* le mal à sa racine. *Couper* l'herbe sous les pieds à quelqu'un. — Pêcher en *eau* trouble. Mettre de *l'eau* dans son vin. Se noyer dans une goutte *d'eau*. — Prendre *feu*. Avoir le *feu* sacré. C'est un *feu* de paille. — Mettre une chose au grand *jour*. Brûler le *jour*. Se faire *jour*.

122. *A.* **Espèce et place des compléments :**

Ils ne doivent la faveur qu'ils viennent d'obtenir, qu'à leur mérite. Enfants, respectez et obéissez à vos parents. La foi seule peut nous revêtir dans les tentations et les épreuves d'une force invincible. En 1830, les Français bombardèrent et s'emparèrent d'Alger. Je suis bien sensible et fort reconnaissant de toutes vos bontés. C'est en 1429 que Jeanne d'Arc entra et délivra la ville d'Orléans assiégée. Henri IV estimait et se fiait à son ministre Sully. Je crois votre cause excellente et que vous la gagnerez. Il aime la chasse et à pêcher.

B. Dire ce que désignent les périphrases suivantes :

Le législateur des Hébreux. Le vainqueur de Goliath. Le roi-prophète. Le vainqueur d'Austerlitz. L'aigle de Meaux. Le cygne de Cambrai. Le chevalier sans peur et sans reproche. Le vainqueur de Bouvines. La patronne de Paris. Le fléau de Dieu. Le musicien des champs. La reine des fleurs. Le roi des vallées. Le chantre des bois. La gent trotte-menu.

C. Sens des proverbes suivants :

1. Tout ce qui reluit n'est pas or. — 2. Il parle de cette chose comme un aveugle parle des couleurs. — 3. Mettre tous ses œufs dans le même panier. — 4. Le papier souffre tout. — 5. Trop gratter cuit, trop parler nuit. — 6. Voici la loi et les prophètes. — 7. Promettre et tenir sont deux. — 8. C'est autant de pris sur l'ennemi.

123. *A*. Corriger, s'il y a lieu :

L'homme vertueux est estimé par ses semblables. Voyez-vous cette maison : c'est là où habitent mes parents. Calmez vos esprits agités par le silence. C'est en Dieu en qui je mets toute ma confiance. Cherchez à ramener ceux qui s'égarent par la douceur. Ce sont la piété et le travail qui assurent la persévérance de l'enfant chrétien. Une multitude de gens, de païens mêmes, voulurent être témoins du baptême de Clovis. Les oiseaux dont les ailes et la queue sont le plus longues et le corps le plus petit, sont ceux qui volent les plus vite et les plus longtemps. Les Athéniens passaient leur temps aux courses, aux jeux et à écouter les orateurs.

B. **Analyse.**

Mon enfant, craignez le péché plus que la mort. Quand le démon vous suggère la pensée de faire le mal, rappelez-vous que Dieu vous voit : il vous sera dès lors facile de garder votre âme exempte de toute faute.

C. Compléter par le son **in** bien orthographié :

T-pan, s-(homon.), t-, r-, p-, f-, n-, s-dicat, s-bole.

124. *A*. **Emploi des temps et des auxiliaires :** Mettre au passé les verbes en caractère gras :

Les deux Sénèque *mourir* à Rome ; l'un et l'autre *naître* à Cordoue. (*baptiser*) Clovis — par saint Remi, archevêque de Reims, en 496. Avant Harvey, on ignorait que le sang (*circuler*) du cœur dans toutes les parties du corps. Condé (*penser*, imparf.) qu'un habile capitaine (*pouvoir*) bien être vaincu, mais qu'il ne lui (*être*) pas permis d'être surpris. Avant Copernic les hommes (*penser*, imparf.) généralement que le soleil (*tourner*) et que la terre (*être*) immobile. On (*dire*, pas. ind.) depuis longtemps que les extrêmes se (*toucher*). Turenne meurt, tout (*se confondre*), la fortune (*chanceler*), la victoire (*se lasser*), la paix (*s'éloigner*). Les astronomes (*annoncer*), il y a quelque temps, qu'une éclipse (*avoir*) lieu cette année. David se présente seul au combat, sans autres armes qu'une fronde ; il (*renverser*) Goliath d'un coup de pierre, lui (*prendre*) son épée et lui (*couper*) la tête. (*ravager*) La France — par les Normands pendant une grande partie du IXe siècle. La bonté que mon maître (**me témoigner**) (**m'inspirer**) pour lui la confiance la plus affectueuse. (*éclore*) Ces fleurs — depuis ce matin. (*décéder*) Mon grand-père et ma grand' mère (paternel) — cette année. (*inventer*) Les montres — à Nuremberg vers 1500, par Pierre Hèle. (*monter*) Vous cherchez votre frère ; il — dans sa chambre depuis une heure. (**convenir**) Ces trois enfants — ce matin de ne plus causer en classe. (**faire, repentir**) Tous ceux qui — le mal, s'en — tôt ou tard. (*acheter*, **convenir**) Cette maison — à mes parents et ils la — la semaine passée. (*monter*) Les eaux de la rivière — d'un mètre hier. Je (*lire*) ce matin une histoire bien touchante.

B. Dire le sens des expressions suivantes :

1. Donner le branle. — 2. Dormir la grasse matinée. — 3. Dormir un bon somme. — 4. Dormir comme une marmotte. — 5. Avoir bon dos. — 6. Mettre tout sur le dos de quelqu'un. — 7. Etre comme le poisson dans l'eau. — 8. Suer sang et eau. — 9. Montrer quelqu'un au doigt. — 10. Se mordre les doigts d'une chose.

C. Corriger, s'il y a lieu :

Ma tante arrive demain. J'ai su que vous étiez malade. On vous a souvent répété que la loi du travail s'imposait à tous les hommes sans exception. Je ne pensais pas que le mal empirerait si vite. Mon oncle fut malade l'année dernière. Croyez-vous qu'il viendra demain ?

125. *A*. **Emploi des modes et des temps :**

Jésus-Christ nous { avertit / a avertis } qu'il (*venir*) à la fin du monde.

Je *remédier* à ces maux si je les { connaissais. / avais connus.

Je *partir* s'il { fait beau, / faisait — / avait fait —

Qui rit d'autrui, doit craindre qu'en revanche on ne *rire* de lui. Il faut que de bonne heure l'enfant *prendre* l'habitude du travail. On demande que je *savoir* mes leçons, que je *faire* mes devoirs et que je *être* silencieux, tranquille et attentif en classe. Je crains que vous ne *être* en retard. Il désire que vous lui *apporter* un livre. Demandez qu'on vous *reprendre* de vos manquements et non qu'on vous *approuver*. Vivez de façon que personne n'*avoir* à se plaindre de vous.

Je vais dire au revoir à mon ami avant qu'il *partir*. Dieu veut que les enfants *respecter* leurs parents et qu'ils leur *être* soumis. Faites, ô mon Dieu, que tous les hommes vous *connaître*, qu'ils vous *aimer* et qu'ils vous *servir* fidèlement. Je craignais que cet élève ne *s'ennuyer* seul. Je crains qu'il ne *s'égarer*. Il faudrait que vous *avoir* mieux fait vos devoirs. Il faut que vous *savoir* mieux vos leçons. Il a réussi sans qu'on lui *venir* en aide.

B. Dire le sens des expressions suivantes :

Perdre son *sang-froid*. Avoir un *front* d'airain. Faire marcher deux affaires de *front*. Il n'y a point de *fumée* sans feu. S'en aller en *fumée*. Monter une *garde* à quelqu'un. Se mettre en *garde*. Penser tout *haut*. Parler *haut*. Arriver à la bonne *heure*. Avoir la main *heureuse*. Un caractère *heureux*. Une mémoire *heureuse*. D'*heureuse* mémoire.

C. Ind. imparf., 3e p. sing :

Bouillir, céder, gésir, abréger, pourvoir, placer, vêtir, travestir, taire, confire.

D. Copier dans un 1er alinéa les sujets ; dans un 2e, les attributs ; dans un 3e, les noms en apposition ; et dans un 4e, les compl. déterm. :

Il est juste que vous répariez vos torts. Il était d'usage d'offrir un sacrifice. Le croyez-vous sauvé ? S'est-il montré aussi courageux que vous ? Il m'est arrivé une fâcheuse histoire. Les Gaulois, nos aïeux, étaient très braves. Quelle noble figure que celle du roi saint Louis ! Les montagnes des Alpes. Les eaux du Rhin.

126. *A*. **Emploi du subjonctif :** 1° *quand le premier verbe exprime le* **désir,** *le* **doute,** *la* **crainte ;** 2° *quand il est* **interrogatif** *ou* **négatif ;** 3° *quand il est* **unipersonnel :**

Jésus-Christ veut que nous (*s'aimer*) les uns les autres. Je crains que ma proposition ne vous (*sourire*) pas. Vos parents désirent que vous (*étudier*) avec ardeur. Il semble que tout (*concourir*, prés.) à le perdre. Pense-t-il donc que je (*vouloir*) blesser ma conscience ? Jamais vous n'avez vu qu'on (*se repentir*) d'une bonne action. Il importe que vous (*travailler*). Caligula voulait que les Romains lui (*rendre*) des honneurs divins. J'aimerais que vous me (*tenir*) au courant de cette histoire. Jamais Condé ne craignit moins que la familiarité ne (*blesser*) le respect. Attila demanda qu'on lui (*rendre*) les Huns transfuges ou qu'on lui (*livrer*) un ministre de l'empereur. Il souffrait rarement qu'on lui (*parler*), et jamais qu'on (*oser*) le contredire. On s'étonna qu'il (*garder*) le silence dans cette occasion.

B. Donner la raison de l'emploi de l'indicatif ou du subjonctir dans les phrases suivantes :

Je me figure dans la souffrance que Jésus me tend sa croix. Impossible de lui faire comprendre qu'il a eu tort; — qu'on puisse mieux faire. Envoyez-moi les livres qui peuvent m'être utiles; — des livres qui puissent m'être utiles. Admettez-vous que vous avez été négligent? — qu'on rougisse de sa foi?

C. **Analyse.**

Tandis que ses ennemis l'abreuvaient d'outrages, Jésus demeura silencieux. Il lui eût été facile de les anéantir, mais il savait que son heure était venue et que les hommes retireraient plus de profit de sa mort que de la manifestation de sa puissance.

127. *A.* **Subjonctif :** 4° après un *pron. relat.* précédé de *le premier, le seul, le plus*, etc. ; 5° *Pron. relat.* suivi d'un verbe exprimant l'*incertain* ; 6° après *quelque que, afin que, pourvu que, pour peu que, jusqu'à ce que, de manière que, sinon que*, etc. :

L'Evangile est le plus beau présent que le ciel (*faire*) à la terre. Qu'aucun jour ne s'écoule sans que vous (*faire*) quelque bien à votre prochain. Vous êtes le premier qui (*me dire*, passé) cela. César cherchait une position où il (*pouvoir*) déployer sa cavalerie. Pour peu que vous (*étudier*) la nature, vous (*se convaincre*, fut. s.) qu'il n'y a rien qui ne (*concourir*) à l'harmonie générale. Tarquin le Superbe est le dernier roi qui (*régner*) à Rome. Trouvez-moi des hommes sans religion qui (*être*, prés.) véritablement vertueux. Il n'y a que l'Eglise catholique qui (*pouvoir*) nous montrer des saints. Quels que (*être*) les humains, il faut vivre avec eux. Donnez-moi des conseils qui (*pouvoir*) me diriger, en attendant que (*j'avoir*) quelque expérience. Charlemagne est le premier roi de France qui (*fonder*) des écoles. Il n'est pas de mortel qui n'(*avoir*, prés.) son ridicule. Il est impossible que je (*partir*) demain. Si solide que vous vous (*croire*) dans la vertu, prenez garde que la moindre occasion ne vous (*faire*) tomber. Ne donnez jamais de conseil qu'il (*être*) dangereux de suivre.

B. **La crainte de Dieu.**

Oh ! *que* tes œuvres sont *belles !*
Grand *Dieu ! quels* sont tes bienfaits !
Que ceux qui *te* sont fidèles,
Sous ton *joug* trouvent d'attraits !
Ta crainte inspire la joie ;
Elle assure notre voie ;
Elle nous rend *triomphants ;*
Elle éclaire la jeunesse
Et fait briller la sagesse
Dans les plus humbles *enfants.*

(J.-B. ROUSSEAU.)

Fonction des mots en italique.

C. **Concordance des temps.** Remplacer les expressions en italique par celles qui sont entre parenthèses :

Je *pense* (doute) qu'il viendra, qu'il sera venu ce soir, qu'il viendrait. *Savez-vous s'il* (Pensez-vous qu'il) a fini ce travail ? — est malade ? — avait compris ? — voudra accepter nos propositions ? — serait disposé à m'écouter?

Je pensais (je ne pensais pas) qu'il viendrait avec vous, qu'il serait parti avant vous.

Je crois (croyez-vous) qu'il faut ; qu'il faudra tenter l'entreprise.

J'avais *espéré* (désiré) que vous viendriez, que vous seriez arrivé avant la nuit.

Je désirerais qu'on me (soumettre) ce projet.

J'aurais désiré que l'entreprise (réussir).

128. *A.* **Emploi du mode infinitif :**

Il vaut mieux qu'on soit malheureux que criminel. Ils sont certains qu'ils n'ont pas fait cette faute. C'est pour donner que Dieu donne aux riches. Dieu commande que nous évitions le mensonge. Il faut que vous respectiez la loi. Nous espérons que nous pourrons vous aider. Il faut qu'on rougisse de commettre des fautes et non de les réparer. N'allez pas croire pouvoir vous dispenser d'assister à la séance. Le Sauveur est allé à la mort sans qu'il ouvrît la bouche pour se plaindre. Veuillez le laisser venir voir faire l'expérience dont il s'agit. Dieu nous a faits pour que nous l'aimions et non pour que nous le comprenions.

B. Indiquer le terme général correspondant à chacun des mots suivants :

Foi, sabre, chaise, orme, chien, tulipe, coudrier, air, électricité, eau, quartz, aluminium, vipère, carpe, marteau, bracelet, poumon, abeille, paresse, Cévennes, blé, forgeron, avocat, bras.

C. **Emploi des temps et des modes :**

Je (douter) encore hier que ma commission eût été faite. Je (désirer) que vous vinssiez plus tôt. Il (falloir) que vous eussiez mieux étudié vos leçons la semaine dernière. Je ne (savoir) s'il viendra. Je (penser) qu'il serait venu aujourd'hui. Il (être) à souhaiter que les jeunes gens connussent mieux l'Evangile. Dieu a voulu que les vérités de la foi (entrer) du cœur dans l'esprit. Plût à Dieu que je (suivre) vos avis ! Je ne (croire) pas qu'on m'eût jugé sans m'entendre. On vous a souvent répété que la vertu (être) préférable à la science et à la richesse.

D. Exprimer les idées contraires :

L'adversité éloigne les faux amis. — Soyez sévère envers vous-même. — Qui a rendu des services doit les oublier. — Le vice donne des jouissances passagères et troublées. — On est clairvoyant sur les défauts des autres. — Parler beaucoup et réfléchir peu, c'est la preuve d'un esprit superficiel et étroit. — La mort est funeste à quiconque a mal vécu. — Le bon citoyen est celui qui remplit ses devoirs. — La mauvaise conscience est toujours inquiète et troublée. — La vraie science est modeste.

CHAPITRE VII

LE PARTICIPE

129. *A.* Qu'est-ce que le participe ? Combien y a-t-il d'espèces de participes ? Quelles sont les remarques concernant le participe présent et l'adjectif verbal ? — le participe passé ?

B. **Participe présent et adjectif verbal :**

Quelle compagnie que celle des hommes moroses souriant peu, piquant toujours ! Nous avons aperçu des mouettes (criant) et (effleurant) les vagues de leurs ailes.

A Vitepsk, 400 (en lettres) blessés russes restèrent sur le champ de bataille, sans secours, (mourant) et (croupissant) dans une horrible infection. A cette nouvelle, les Juifs, (déchirant) leurs vêtements, versèrent des larmes (brûlant) et poussèrent des cris (déchirant). On apercevait sur la mer des épaves (flottant), — (flottant) vers la côte. Toujours (agissant), la charité se fait (tout) à tous. Les éclairs (sillonnant) les nues, les coups de tonnerre (retentissant) et la pluie (commençant) à tomber à grosses gouttes présagent souvent la tempête.

C. **A l'Ange gardien.**

Veillez sur moi quand [1] je m'éveille,
Bon *Ange*, puisque [2] Dieu *l*'a dit ;
Et chaque *nuit*, quand je sommeille,
Penchez-vous sur mon petit lit.
Ayez pitié de ma faiblesse,
A mes *côtés* marchez sans cesse,
Parlez-*moi* le long du chemin ;
Et, pendant [3] que je vous écoute,
De peur que je ne tombe [4] en route,
Bon Ange, donnez-moi la main.

(Mme A. TASTU.)

Fonction des mots en italique. — 1. 2. 3. 4. Espèce de proposition.

D. Indiquer les termes généraux qui correspondent aux mots suivants :

Rose, abricot, coqueluche, violet, vin, landau, calicot, estrade, argile, soleil, jambe, dictionnaire, quiconque, huit, ces, bien, hélas! car, dans, aimer, cœur, tigre, Escaut, Léman, Melbourne, Paris.

130. *A.* **Participes passés sans auxiliaire ou avec l'auxiliaire être :**

Les heures (écoulé) ne reviennent plus : toutes celles qui ont été mal (employé) sont (perdu) sans retour. La ville de Constantinople, (bâti) sur sept collines, a seize kilomètres de tour ; elle est (protégé) par une double enceinte (fortifié). (Vu) de la mer, avec ses coupoles et ses minarets (doré), ses maisons et ses palais (couvert) de peintures (bigarré), la ville de Constantinople présente un aspect féerique. Que de crimes (prévenu), que de scandales (évité), que de maux et de misères (public éloigné), si l'on respectait le Décalogue !

B. Former des phrases où les mots suivants soient attributs :

Maître, rivière, vertueux, patrie, temple, immaculé, vertu, lâcheté, honteux, immortel.

C. **Excepté, passé, vu, y compris... :**

Quand Alexandre (s'emparer) de Thèbes, il ordonna que la ville (tout) entière (livrer, au passif) aux flammes, (excepté) la maison de Pindare. (Vu) et (approuvé) les dépenses (mentionné) ci-dessus. Les témoins (ouï) et la lecture du rapport (entendu), les juges prononcèrent la sentence. Tous les inculpés, une jeune femme (excepté), subirent une condamnation.

D. Ajouter une incidente aux phrases suivantes :

Cet élève se prépare d'amers regrets. Jésus-Christ nous a ouvert le ciel. Les astres nous parlent de la puissance et de la magnificence de Dieu. Vos maîtres ont droit à toute votre reconnaissance. Gardez et développez votre foi.

131. *A*. **Participes passés avec avoir.** Verbes au pas. ind. :

Ils nous trahissent. Ils nous reprochent notre faiblesse. Ils nous parlent avec hauteur. Vous nous annoncerez pour demain. Vous nous annoncez une bonne nouvelle. La compassion que nous inspire ce pauvre nous pousse à faire tous les sacrifices (possible). Les progrès que font ces élèves (devoir, prés. passif) à l'application et à la constance qu'ils apportent au travail. (Quelque) extraordinaires que (être) les faits qu'ils nous racontent, nous les croyons sur parole.

B. Dire le sens des expressions suivantes :

1. Faire fête à quelqu'un. — 2. Prendre feu. — 3. C'est le feu et l'eau. — 4. Jeter feu et flamme. — 5. C'est un feu de paille. — 6. Jeter de l'huile sur le feu. — 7. Trembler comme la feuille. — 8. S'excuser d'une faute. — 9. S'excuser de faire une chose. — 10. Exercer la charité. Exercer la patience de quelqu'un.

C. Passé déf., 3e p. sing. :

Séduire, promouvoir, fuir, revoir, pourvoir, émouvoir, élire, naître, souscrire, luire, se taire.

132. *A*. **Participes passés des verbes pronominaux.** Verbes au pas. ind. :

Sous Louis XIV la France a appris à se connaître ; elle (se trouver) des forces que les siècles précédents (ne pas soupçonner, pl.-q.-p.). Comment (s'éclipser) tant de gloire et de puissance? Comment (s'anéantir) tant de travaux? Comment (s'évanouir) tant d'espérances et de projets? On (se battre) de part et d'autre jusqu'à la nuit (tombant), avec un courage, une intrépidité sans (égal). Les promesses qu'ils se donnent; ils se donnent la main; ils s'arrogent des droits exorbitants; les droits qu'ils s'arrogent; ils se blessent; ils se blessent la main; ils se proposent de nous accompagner; — pour nous accompagner; ils se plaisent, se nuisent, se taisent, se conviennent; ils se plaindre, se rire, s'en aller, se parler, s'imaginer.

B. **Analyse.**

Au village de *Domremy* vivait *une* jeune *fille* qui se nommait *Jeanne*. Un *jour*, tandis qu'elle était en prière, *des* voix célestes lui annoncèrent que Dieu l'avait choisie pour devenir la *libératrice* de la France.

Fonction des mots en italique. Nature des propositions.

C. Compléter par le son **p** :

A-ât, o-aque, hi-ique, a-areil, ori-eau, dé-rimer, o-rimer, a-ogée, a-ercevoir, a-endice, a-anage, a-eau.

133. *A.* **Participes passés des verbes impersonnels.** Verbes au pas. ind. :

Que de difficultés il (se présenter) dans le percement de l'isthme de Panama! Que de calamités il (se produire) durant les grands froids qu'il y (avoir) l'an passé, et que de patience et de courage il (falloir) aux pauvres! Il (se voir) des hommes; il (se trouver) des gens qui... Durant les chaleurs qu'il (faire), il (se produire) plusieurs cas de choléra.

B. **La violette.**

Aimable fille du printemps,
O timide fleur des bocages,
Ton doux parfum flatte nos sens,
Et tu sembles fuir nos hommages.
Comme [1] le *bienfaiteur* discret
Dont [2] la main secourt l'indigence,
Tu me présentes le bienfait,
Et tu crains la reconnaissance
Viens prendre place en nos *jardins*,
Quitte ce séjour solitaire.
Que dis-je? Non, dans ces *bosquets*
Reste, ô *violette* chérie!
Heureux qui répand *des* bienfaits,
Et comme *toi* cache sa vie!

(C. Debos.)

Fonction des mots en italique. — 1. 2. Nature et espèce des propositions. — Copier les mots pris au figuré.

C. Joindre aux noms suivants des épithètes signifiant le contraire :

Serment violé, pays accidenté, caractère énergique, personne presbyte, élève paresseux et ignorant, ciel sombre, eau stagnante, maladie grave.

134. *A.* **Participes passés** *ayant pour complément direct : a)* **un infinitif sous-entendu ;** *b) une proposition représentée par* **le.** Verbes au pas. ind. :

Nous ne vous pas (rendre) tous les services que nous (vouloir), mais seulement ceux que nous (pouvoir). Il (faire) tous les efforts qu'il (devoir). Votre chargé d'affaires (faire) toutes les démarches que vous (supposer, pl.-q.-p.). L'adversité, que nous (croire, pl.-q.-p.) si funeste, nous (rendre) sages. Vous nous (voir) (empressé) à vous rendre tous les services que nous (pouvoir). La famine arriva en Egypte comme Joseph (le prédire, pl.-q.-p.). En 1870, les Allemands ont causé à la France tous les maux qu'ils (pouvoir). Ils ont payé toutes les sommes qu'ils (devoir). Cet enfant s'attache opiniâtrément aux choses qu'il a une fois (voulu). La difficulté est plus grande que je ne (le présumer, pl.-q.-p.).

B. Indiquer un terme particulier correspondant à chacun des termes généraux qui suivent :

Vertu, maladie, guerrier, instrument, outil, arme, fleur, plante, arbuste, arbre, fruit, magistrat, artisan, ouvrier, gaz, métal, minéral, animal, carnivore, défaut, fleuve.

135. *A.* **Participes passés suivis d'un infinitif :**

(Excepté) trois jeunes gens, la multitude (tout) entière se prosterna devant la statue qu' (ordonner, pl.-q.-p.) d'ériger Nabuchodonosor. Ils (se laisser, pas. ind.) surprendre par l'ennemi ; ils (se voir) réduire par la faim, — succomber sous le nombre. Les renseignements que j'ai (su) que vous demandiez, — que j'ai (demandé) qu'on vous communique, — (fini) par obtenir.

Les cantiques } que j'ai (entendu) chanter.
Les personnes }

Les voleurs que j'ai (vu) { s'enfuir,
arrêter.

Les fers —, les ouvriers que j'ai (vu) forger... Les voyageurs —, les nouvelles que j'ai (entendu) raconter... Les pauvres qu'on a (laissé) persécuter, — mourir de faim... Les élèves que j'ai (vu) travailler, — récompenser. — Ils se sont (laissé) dire, — insulter, — choir, — prendre, — glisser, — convaincre. Les portraits qu'il a (fait) faire..., les marchandises qu'il a fait venir...

B. Genre de :

Moustique, langouste, platine, apologue, parabole, oxygène, carbone, patère, chrême, cytise, barde, ambre, derviche, renne, quinine, chlore, garde, office, crêpe, manœuvre, mousse.

136. *A.* **Coûté, valu, pesé et participes passés des verbes neutres :**

Pourriez-vous jamais oublier les soins que vous avez (coûté) à vos parents et les soucis que vous leur avez (valu)? Avec les dix francs que cet objet vous a (coûté), il vous eût été aisé de soulager une famille pauvre. Les 38 années qu'Henri VIII (régner, pas. ind.) sur l'Angleterre (souiller, pas. ind. passif) par toutes sortes de crimes. Pendant les (quelque) six heures qu'elle (dormir, pas. ind.), elle ne (pas se douter) des dangers qu'elle (courir).

Que de larmes nous avons (coûté) au Sauveur et que de souffrances nous lui avons (valu)! Les cinq kilos que ces colis ont (pesé). Que restera-t-il de la plupart de nos actions quand Dieu les aura (pesé) dans la balance de sa justice? Toutes les heures que vous avez (joué), — que vous avez (croupi) dans la paresse et l'insouciance.

B. Ajouter un nom ou une expression convenable à chacun des adjectifs suivants :

Continu, continuel; opportun, importun; fiévreux, fébrile; matinal, matineux; original, originel, originaire; risible, ridicule.

137. *A.* **Participes passés** suivis d'une **préposition** et d'un **infinitif.** Verbes au passé ind. :

Les malheurs que vous avez à essuyer vous tremperont le caractère. Nous nous appliquerons de notre mieux aux devoirs que nous avons à faire. La tâche qu'on nous donne à accomplir nous stimule vivement. Les mauvaises habitudes qu'on laisse contracter à ces enfants les perdront. Les projets qu'ils ont (résolu) d'exécuter...; — qu'ils nous ont (donné) à examiner...; — qu'ils se sont (imaginé) de réaliser...; — qu'ils ont (eu) l'audace de concevoir...; — qu'ils se sont (fait fort) d'exécuter...; qu'ils se sont (empressé) de nous soumettre...; qu'ils ont (osé) nous communiquer...

B. **Analyse.**

Rappelez-*vous* que *Celui* qui met un frein à la *fureur* des flots peut aussi, *quand* il *lui* plaît de *manifester* sa justice, *confondre* les desseins criminels des méchants. La province de *Normandie.* Manger *de* bons *fruits.* La joie de *faire du bien.*

Fonction des mots en italique. Analyse logique de la première phrase.

138. *A.* **Participes passés** *précédés de* **en.** Verbes au pas. ind. :

Nous nous promenons au milieu des fleurs et nous en cueillons autant que nous en voulons. Je n'oublierai jamais la sollicitude et le dévouement que ne cessent de me témoigner mes maîtres, ni les excellentes leçons et les sages conseils que j'en reçois. Les moments sont courts et précieux : combien néanmoins vous en perdez chaque jour ! Que de jeunes gens se perdent par les mauvaises lectures ! Et pourtant l'oisiveté et les mauvaises compagnies en perdent encore davantage. Les enfants qu'on habitue à craindre les ténèbres se guérissent rarement de la peur qu'on leur en inspire. Autant de batailles César a (livré), autant il en a (gagné).

B. Compléter par le son **o** :

Sarr-, calic-, rond-, éch-, éc-, s- (homon.), r-, t-, p- (homon.), mag-, orm-, palet-, écrit-, h-r-sc-pe, -nyx.

C. Exprimer les idées contraires :

L'homme *sincère* parle *comme* il pense. Le *mensonge craint* la lumière. Les *bonnes* lectures portent au *bien.* L'*orgueilleux recherche* les louanges. L'*orgueilleux ferme* les yeux sur ses défauts. L'homme *libre* est celui qui *commande* à ses passions. L'*orgueil* est *haï* de Dieu et des hommes. L'*honneur* est dans la *fidélité* à ses devoirs. Le *vrai* mérite est *modeste.* L'*ignorance* et le *vice* sont la source de toutes sortes de *maux.*

139. *A.* **Participes passés** précédés de **le peu.** Verbes au pas. ind. :

Le peu de jours qu'il passe à la campagne (suffire) pour rétablir sa santé. Le peu de présence d'esprit que nous montrons parfois nous fait soupçonner de fautes que nous ne commettons pas. Le peu d'amis qui lui (rester) le (consoler) dans ses épreuves. Le peu de sympathie qu'elle rencontre la décourage. Ils ne se doutent pas du peu d'habileté qu'ils déploient dans les affaires qu'ils ont à traiter. Le peu de nourriture qu'elle prénd l'incommode. Le peu d'efforts que nous faisons, Dieu (le *ou* les) récompense par des grâces précieuses.

B. Imp. subj., 3e pers. sing. :

Recouvrer, recouvrir, peigner, peindre, lire, lier, moudre, mouvoir, mouler, répartir, croître, croire, s'enfuir.

Pl.-q.-parf. interrog. négat., 3e pers. pl. :

Elles s'apercevoir, se voir dépérir, déchoir, s'enquérir.

Pas. déf. interr. nég., 3e p. sing. :

Fuir, se prévaloir, discourir, accroître, prévoir, pourvoir.

C. **Participes passés** précédés de **plusieurs sujets** ou d'un **sujet collectif.** Verbes au pas. ind. :

C'était la reine, avec ses deux fils, que vous (voir) partir. Ce sont leurs intérêts privés et non le bien public que ces égoïstes (chercher). Le grand nombre de fautes qu'on (trouver) dans vos devoirs, provenait de votre inapplication. Il n'y a pas une misère, pas une souffrance que saint Vincent de Paul ne (soulager). C'est plutôt la vertu que les talents que l'on (récompenser) dans cet homme de bien. Une phrase, un mot qu'on (prononcer) dans un moment d'impatience, (causer) quelquefois *de-des* grands maux. Les sciences naturelles (faire) plus de progrès au XIXe siècle qu'elles n'en (faire) auparavant en plusieurs siècles. Les pouvoirs militaires, civils et religieux que se (arroger) les empereurs romains, les (rendre) maîtres absolus. Un fait unique dans l'histoire, c'est que les Papes se (succéder) sans interruption durant dix-neuf siècles. Les (Newton) et les (Cuvier) se (frayer) dans les sciences des voies inexplorées.

CHAPITRE VIII

L'ADVERBE

140. *A.* Qu'est-ce que l'adverbe? — L'adverbe peut-il avoir un complément? — Citer quelques adjectifs qui sont souvent employés adverbialement.

Former des phrases où un adverbe modifie 1° un adjectif, 2° un verbe, 3° un adverbe. — Trouver d'autres phrases où l'adverbe soit employé successivement au positif, au comparatif et au superlatif.

B. Combien y a-t-il de sortes d'adverbes? — Trouver 4 adverbes de chaque espèce. Trouver 5 locutions adverbiales.

C. Corriger, s'il y a lieu :

Dieu a très soin de tous ses êtres, mais c'est l'homme qu'il comble davantage de bontés. Les bergers ont fait tellement de bruit alentour de la bergerie que le loup s'est enfui. Il n'est pas aussi dur pour rester insensible à votre douleur. Que le soleil ne se couche jamais dessus votre colère. Réfléchissez toujours auparavant que de parler. Il faut avoir une âme saine dedans un corps sain. De toutes les fleurs de ce parterre, la rose est celle qui me plaît davantage.

D. Transcrire par groupes les adverbes de l'exercice suivant :

Là où il n'y a pas de religion, il n'y a pas de vraies vertus. Il est revenu deux jours après. Que de grandeur dans l'obéissance chrétienne! Combien n'en a-t-on pas vus..! Aussitôt il se leva. Deux fois en 24 heures. De temps en temps; au jour le jour. Voici des nouvelles toutes fraîches. Elles chantent juste, quelque ton qu'elles prennent. Il demeure tout près. Vous avez bien fait de partir plus tôt. Plutôt la mort que le péché! Quelque étonnantes que soient ces nouvelles... Si extraordinaires soient-elles... Au dehors, le vent soufflait avec rage. Il y avait tout autour des jacinthes, des œillets... Les balles tombaient dru.

141. *A*. Donner les adverbes dérivés des mots suivants :

Savant, nuit, divers, prudent, bon, sot, conséquence, franc, maître (magister), tumulte, précipité, esprit, traître, paix, bruit, gloire, adverbe, moment, lettre (littera), cœur (cor), ami, honneur, doute (dubium).

B. **Plus tôt, plutôt; très, bien, grandement; de suite, tout de suite; autour, alentour; avant, auparavant; sur, dessus,** etc. :

Il regardait tout — si on le suivait. (Acad.) — d'engager votre parole, réfléchissez à ce que vous allez promettre. Assurez-vous — qu'il vous sera possible de tenir votre promesse. Il faut que les enfants obéissent —. Les loups rôdent — des bergeries. — mourir que d'offenser Dieu. Il se lève — que vous. Ce pauvre a — faim. Il avait — peur et ne pouvait dire deux mots —.

C. Former des adjectifs avec les mots suivants :

Venin, éponge, temps, Eglise, volume, mérite, air,

soufre, chevalier, main, femme, cœur, roman, géant, fruit, enfer, odeur fer.

142. *A.* **Aussi, si, non plus; tout à coup, tout d'un coup; plus, davantage; ne pas, ne point.**

Ce monument n'est pas — ancien que vous le croyez. Il faut aimer Dieu — que toute chose. Les erreurs de l'esprit sont funestes, mais les égarements du cœur le sont bien —. L'âne est — tranquille et patient que le cheval est ardent et impétueux. Notre corps participe à nos bonnes œuvres; il est juste qu'il ait part — à la récompense. Si je ne puis pas vous approuver, je n'ose pas — vous blâmer. — un cri déchirant se fit entendre. L'égoïste ne pense — aux autres. L'esprit n'est — ému de ce qu'il ne voit —. Je ne dormais — au moment de l'orage. Ce malade ne dort —. On ne devient pas parfait —.

B. Former des verbes avec les mots suivants :

Poing, gorge, four, onde, haut, aigu, legs, bain, sain, lent, souple, gai, rond, verbe, faim.

C. Donner le sens précis des phrases suivantes :

Je ne voudrais pas } avoir affaire à de (tel) gens.
Je voudrais ne pas }

Je crains qu'il ne vienne. Je ne crains pas qu'il vienne. Je crains qu'il ne vienne pas. Prenez garde que tout soit prêt. Il ne prend pas garde qu'on se moque de lui.

143. *A.*

(*Aussi, si*) Votre sœur n'est pas — âgée que la mienne. (*Au moins, du moins*) Dites — une bonne parole à ce malheureux. Si vous n'approuvez pas mon projet, — ne le contrecarrez pas. (*Plus, davantage*) De toutes les fleurs, le lis et la rose sont celles qui me plaisent —. (*Autant, tant*) On ne l'aime pas — que son frère. Rien ne rassure — à la mort que la dévotion envers Marie. (*Hors, dehors*) Il demeure — de la ville. Il est resté —.

B. Exprimer les idées contraires :

1. L'enfant *respectueux* et *obéissant* fait l'*honneur* et la *joie* de ses parents. — 2. La *présomption* fait *commettre* bien des fautes. — 3. Le jeune homme *instruit* et *modeste* est *estimé* de tout le monde. — 4. Un élève *obligeant, sincère* et *laborieux* est *estimé* de tous ses condisciples. — 5. Les *bonnes* actions *augmentent* la

valeur intérieure de l'homme, le rendent *meilleur* et lui *donnent droit à des récompenses*. — 6. Le *bien* moral est l'ensemble des actions *conformes* à la loi de Dieu.— 7. La *vertu* est l'habitude de faire le *bien*. — 8. La *créature a eu* un commencement. — 9. La *créature* est un être *dépendant*. — 10. Les *bons* anges sont *restés fidèles* à Dieu.

C. Employer ou omettre l'adverbe **ne** dans les phrases suivantes :

Craignez-vous qu'il (vous arriver) malheur? Je crains —, je ne crains pas qu'il (vous arriver) malheur. On (avancer, pas. déf.) que lentement. Il (parler. prés.) pas autrement qu'il (agir). Peut-on être plus heureux que vous l'(être)? Doutez-vous que vos maîtres vous (vouloir) du bien? Je doute qu'il (venir) aujourd'hui. Il tient à vous, — il ne tient pas à moi que tout (s'arranger). J'avais défendu qu'on (parler). Ne différez pas votre conversion, de peur que Dieu (se retirer) de vous. Vous me répondez avant que (finir, passé) de parler. Personne ne nie sérieusement qu'il (y avoir) un Dieu. Toute nation est faible à moins qu'elle (être) unie.

CHAPITRE IX

LA PRÉPOSITION

144. *A*. Qu'est-ce que la préposition? — Entre quels mots marque-t-elle le rapport? — Quels rapports exprime-t-elle? — Qu'est-ce qu'une locution prépositive?

B. **Le comte de Maistre à sa fille.**

« Je suis extrêmement de ton avis, ma chère *enfant* : *celui* qui veut une chose en vient à bout; mais la chose la plus difficile dans le monde, c'est de *vouloir*. Personne ne peut savoir *quelle* est [1] la force de la volonté, même dans les *arts*. Je veux *te* conter l'histoire du célèbre Harrisson, de Londres. Il était [2], au commencement du dernier siècle, un jeune garçon charpentier au fond d'une province, lorsque [3] le parlement proposa le prix de dix mille livres sterling (dix mille louis) pour celui qui [4] inventerait une montre à équation pour le problème des longitudes. Harrisson se dit à lui-même : « Je veux gagner le prix [5]. » Il jeta la scie et le rabot [6], vint à Londres, se fit *garçon* horloger, travailla pendant quarante ans, et gagna le prix. *Qu'en* dis-tu, ma chère Constance, cela s'appelle-t-il *vouloir?* »

a) Copier les prépositions du morceau précédent. — *b*) Fonction des mots en italique.

1. 2. 3. 4. Espèces de proposition. — 5. Famille de mots. — 6. Sens.

C. Donner le sens des expressions suivantes :

Mettre l'alarme au camp. — Aller le droit chemin. — Il faut détendre l'arc. — Avoir plusieurs cordes à son arc. — Faire tomber les armes des mains à quelqu'un. — Etre armé de pied en cap. — Guetter l'occasion. — Ecrire un devoir tout d'une haleine. — Décliner son nom. — Rire sous cape. — Pêcher en eau trouble. — En venir aux mains. — De longue main. — Sous main.

D. **Analyse.**

*Quoiqu'*il nous soit *impossible* de les *comprendre* entièrement, nous tenons pour *assuré* que les *vérités dont* le Symbole nous offre la substance sont plus *dignes* de foi que les *principes* les mieux établis de la *science* humaine.

Analyser les propositions et indiquer la fonction des mots en italique.

145. *A*. Mettre les prépositions convenables :

Ne vous fiez pas — apparences. L'innocence est aimée — Dieu et — hommes. Ce devoir a été fait — moi. Auguste régna — un empire immense. Il est malade — trois mois. Il a été malade — trois mois. Je partirai — la fin de septembre. Rome fut (pris) — les Gaulois. Soyez charitable — les pauvres. Saint Léon alla — Attila.

B. Analyser les compléments circonstanciels :

Ce livre coûte deux francs. Elle reçoit les mardis et les jeudis. Au Bon-Marché, à Paris, on vend prix fixe. Sur le passage du czar, les soldats formaient la haie, l'arme au bras. Il a dormi huit heures. Annibal et Scipion moururent la même année.

C. Former des noms avec les mots suivants :

Rompre, élire, clos, mordre, suspect, insérer, coudre, dissoudre, comparaître, rédiger, céder, boire, confondre, approuver.

146. *A*. **De, par ; près de, prêt à ; à, ou ; voici, voilà ; à travers, au travers de :**

Que de personnes sont — mourir sans être — mourir! Nous sommes éloignés du soleil de 33 — 34 millions de lieues. (150 — 180) morts restèrent sur le champ de bataille. Cette lettre pèse (9 — 10) grammes. Nous étions (15 — 16) à admirer ce spectacle. Il passa — rangs ennemis. Le soleil nous apparut enfin — le brouillard. L'aérostat s'éleva — nuages. « Tout pour moi », — la devise de l'égoïste. — un fait des plus curieux que l'on m'a raconté. L'orgueilleux n'est aimé — personne. Ces bons élèves ont été félicités — leurs maîtres.

B. Répétition des prépositions. — Corriger, s'il y a lieu :

Vivez en paix avec Dieu, vous-même et les autres. Charlemagne fut également admirable dans la paix et la guerre. Annibal triomphait de ses ennemis par la force et la ruse. Connaissez-vous la fable de l'Ane et du Chien? Chez les Egyptiens il était défendu de tuer et même maltraiter un chat, un ibis ou un crocodile. Que j'éprouve de charme à contempler l'Océan et écouter le bruit de ses vagues!

CHAPITRE X

LA CONJONCTION ET L'INTERJECTION

147. *A*. Qu'est-ce que la conjonction? — Comment divise-t-on les conjonctions? — Quelles sont les conjonctions de coordination? — ... de subordination? — Qu'est-ce qu'une interjection? — Qu'est-ce qu'une locution conjonctive? — ... une locution interjective?

B. Analyser les mots invariables :

Le temps ou la mort sont nos remèdes. Il était si souffrant qu'on craignait pour ses jours. Croit-il donc qu'il puisse me vaincre par ses menaces ou par ses promesses? Où allez-vous? — A Rome. Qu'en dites-vous? Que Dieu est grand! J'irai si vous le voulez.

C. **Quand, quant; que, quoique, quoi que; parce que, par ce que :**

— on est tombé dans une faute, il faut se relever aussitôt. — Jésus fût innocent, il se laissa condamner à mort. — ce que l'on voit encore du Colisée et du Parthénon, l'on peut juger de la magnificence de ces monuments. — il arrive, confiez-vous en la Providence. — à moi, je suis prêt à tous les sacrifices. Dieu pardonna aux Ninivites — ils firent pénitence. — on se porte bien et — on a le nécessaire, on ne doit pas se plaindre. Si vous avez commis une faute et — vous (*désirer*) la réparer, commencez par l'avouer.

D. Pas. déf., 2e p. pl., interrogat. négat. :

S'astreindre, croire, voir, rire, lire, mouvoir, se taire.

Ind. prés., 2e pers. plur. :

Médire, vêtir, teindre, redire, s'enquérir, extraire, moudre, confire, absoudre.

148. *A*. **Et, ou, ni ; puisque, parce que :**

Nous croyons les vérités révélées — Dieu les a révélées. — tel est votre désir, je le ferai. Dieu ne peut violer ses promesses — tromper les hommes (Montesquieu). Le soleil — la mort ne se regardent fixement. Votre frère — votre sœur ne viendront pas. Il est reparti sans que je l'aie vu — que je lui aie parlé.

B. Compléter par le son **t, tt, th. :**

Labyrin—e, can—aride, li—oral, acroba—e, il achè—e, ble—e, ph—isie, pan—ère, li—urgie, lé—argie, jacin—e, il cache—e, complè—e.

C. Dire la signification des expressions suivantes :

Aller respirer l'air natal. — Battre l'air. — Avoir toujours un pied en l'air. — Avoir un cœur d'airain. — Les injures s'écrivent sur l'airain et les bienfaits sur le sable. — Faire une chose pour l'acquit de sa conscience. — Faire un devoir par manière d'acquit. — Le mal a des ailes. — La peur donne des ailes. — Voler de ses propres ailes.

149. *A*. Sens et fonction de **que :**

Quand on vous fait une observation ou qu'on vous donne un conseil, montrez-vous-en reconnaissant. Cet élève ne saurait parler qu'il ne dise du mal de ses condisciples. Je ne partirai pas que je ne vous aie vu. Si vous passez à Paris et que le temps vous le permette, allez à Notre-Dame des Victoires. Que d'âmes se perdent pour l'éternité ! Qu'il est beau de pardonner une injure ! Que me demandez-vous ? Que ne travaillez-vous plus sérieusement ! Que d'autres, ô mon Dieu, soient comblés des grâces spéciales que vous accordez si libéralement ; pour moi, tant que je vivrai, je ne vous demanderai qu'une faveur, celle de vous aimer.

B. Ah ! ô ! dame ! oh ! hé ! holà ! eh ! hélas ! (Mettre l'interjection convenable) :

— ! que la mort est douce à celui qui a mené une vie pure ! —, je ne suis pas aussi savant que vous ! — vous qui souffrez ici-bas, souvenez-vous qu'un bonheur sans fin vous attend. — ! qu'en savez-vous ? — ! si les damnés pouvaient revenir un instant sur la terre ! — ! qu'on me chassece coquin. — ! Il faut se quitter !

CHAPITRE XI

LOCUTIONS DIVERSES

150. *A.* **Servir à, servir de ; plier, ployer ; suppléer, suppléer à ; pardonner, pardonner à :**

Seigneur, — notre repentir ! Au tribunal de Dieu, ni la richesse, ni la science ne nous — rien. Le format in-8° s'obtient en — la feuille de papier en huit. Les chiffons — fabriquer du papier. Ce pauvre homme — sous le poids des années et des infirmités. Il nous a — mentor. Prenez notre cheval, il ne nous — (fut.) rien aujourd'hui. Voici 90 fr., — 10 autres. Il faut savoir — une injure. Confiez-vous en Dieu : il — votre impuissance. Le trésorier — (pas. ind.) président malade. La valeur d'une armée — nombre.

B. Corriger, s'il y a lieu :

J'ai fini ; c'est à vous de parler. C'est aux parents à commander et aux enfants à obéir. Il assiste chaque jour trois à quatre familles pauvres. Le maître aide les élèves à faire leur devoir. Elle a l'air tout troublée. Napoléon a ennobli un grand nombre de ses généraux. Nous irons promener et baigner, s'il fait beau. Le Titien colorait parfaitement. Le feu a (consommé *ou* consumé) tout l'édifice. Il déjeunait avec un morceau de pain et un fruit. Mon ami est indigne du malheureux sort qui l'accable. Pharaon eut un songe durant son sommeil.

C. Analyser les verbes suivants :

Ne se furent-elles pas aperçues ? Se fussent-elles tues ? avoir dû vaincre ; étant parti ; être vu ; s'être abstenu ; qu'il fût connu ; il était blâmé ; devoir partir ; elles ne se seront pas imaginé,

D. Sens des expressions suivantes :

Ailes	Fleur	Ouvrir
de l'oiseau,	du lis,	la porte,
du temps,	de l'âge,	les oreilles,
de l'âme,	de farine,	l'esprit,
de la renommée,	de l'innocence,	les bras,
du moulin,	de rhétorique,	son cœur,
d'un bâtiment,	des chevaliers,	une école,
d'une armée.	de soufre.	une séance.

151. *A*. **Imposer, en imposer ; dîner de, dîner avec ; consumer, consommer ; égaler, égaliser :**

Ma reconnaissance ne pourra jamais — vos bienfaits. Le lion de la fable n'entendait pas — les parts du butin. C'est le Saint-Esprit qui a — l'œuvre de la Rédemption. L'envie — les forces de l'âme. Un Allemand — facilement six litres de bière par jour. Que de pauvres dînent souvent — un morceau de pain ! Ils ont déjeuné — une dinde truffée. La vraie science — à tous; la fausse science n' — qu'aux gens (naïf et ignorant).

B. Corriger, s'il y a lieu :

La lune emprunte sa lumière au soleil. Ce livre est ennuyant. Bien des gens n'entendent pas la raillerie et se fâchent pour un rien. L'égoïste ne cesse d'envier les autres. Efforcez-vous d'éviter toute peine à vos parents. On dit que l'aigle fixe le soleil en plein midi. Il a cru m'imposer par ses flatteries. En 1870 la moitié de la France fut (infectée *ou* infestée) par les Allemands. Je vous observe qu'il ne faut jamais insulter le malheur. Prenez l'habitude de vous lever de bonne heure : quand on est matinal, on gagne du temps et de la santé. Le mulet participe au cheval et à l'âne.

Quelle différence entre : Il se plaint de ce qu'on l'a trompé, *et* il se plaint qu'on l'ait trompé ?

Il est facile de plier les branches du coudrier. Certains manuscrits coûtent plus que dix mille francs. On l'a laissé plus qu'à demi mort.

C. Former des expressions ou des phrases où les mots suivants soient employés au figuré :

Dur, fleur, mûr, source, ligne, léger, cultiver, nourrir, polir, déchirer, écraser, couler.

152. *A*. Analyser les sujets :

Quel règne fut plus glorieux que celui de saint Louis?

J'ai un cheval plus beau que le vôtre. Aimons Dieu et le prochain : c'est là toute la science de la vie. Il est beau de se vaincre soi-même. Quand êtes-vous arrivé ? Qui est-ce qui est venu avec vous ? — Mon frère. La vie s'évanouit comme un songe.

B. **C'est à vous à, c'est à vous de ; commencer à, commencer par ; quand, quant ; colorer, colorier :**

— à la paresse on ajoute le mensonge, on ne mérite que le mépris. C'est au maître — commander et au serviteur — obéir. Avant de traduire, — décomposer vos phrases. Après Louis, ce fut à moi — réciter ; — à André, on l'interrogea le dernier. Ces tableaux sont trop vivement — . L'état de sa santé — m'inquiéter. Le ciel s'était — d'un rouge éclatant.

C. Famille de mots de :

Gloire, fond, ordre, doux, hôte, clair, jeter, noble, bruit.

153. *A.* **Anoblir, ennoblir ; applaudir, applaudir à ; insulter, insulter à :**

La charité — nos moindres actions. Que de riches, par leur faste, — misère de l'indigent ! Courage, mes enfants ! nous — vos efforts. C'est un crime que d' — un malheureux. C'est Charles VII qui — la famille de Jeanne d'Arc. On — ce discours avec enthousiasme.

B. Ajouter une apposition :

Léonidas, jardins de Babylone, Pénélope, Thalès, Romulus, Mécène, saint Maurice, Witikind, Durandal, Olifant, Amaury, Suger, Boleslas, Jacques Molay, Gengis-Khan, Joinville, Tamerlan.

C. **Eviter, épargner ; entendre raillerie, entendre la raillerie ; emprunter à, emprunter de ; d'avantage, davantage :**

Enfants, — à vos parents toutes les peines (possible). Cette personne est fort susceptible ; elle (ne pas —) raillerie ; et pourtant ceux qui l'entourent (— fort bien) raillerie. La lune — sa lumière — soleil. — avec soin les occasions dangereuses. Je ne vois pas — réel à remettre cette affaire à demain. Il a été mal inspiré d' — de l'argent — Juifs ; vous l'avez été bien — en acceptant de pareilles conditions.

DEUXIÈME PARTIE

RÉCAPITULATION PARTICULIÈRE

§ Ier — RÉCAPITULATION DU NOM

154. *A*. Changer le nombre des noms suivants :

Cailloux, local, puits, étal, aulx, bocaux, arsenal, mets, poitrail, aïeux, bal, coraux, régal, yeux, narval, lilas, verrou, camail, coucou, tuyau, caravansérail, appeau, fanal, attirail.

B. **Aïeul, ciel, œil, délice, orgue, hymne, aigle, foudre :**

Les armes de Napoléon représentaient (un) aigle tenant (un) — dans ses serres. Les plus (anciens) orgues qui existent aujourd'hui en France datent du XVe siècle. On a remplacé cette fenêtre par deux (œil-de-bœuf). Nous devons au roi Robert plusieurs (beau) hymnes de l'Eglise. L'orgue (envoyé) à Charlemagne par le calife de Bagdad était très (petit et portatif). Vos — vivent-ils encore? (Quel) — d'entendre les (beau) hymnes de la Fête-Dieu!

155. *A*. Mettre au pluriel :

Madrigal, genou, aïeul, joyau, sceau, vassal, gouvernail, rival, feu, bateau, bambou, gluau, tilbury, chenal, émail, cal, vantail, sapajou, pal, pieu, ail, gruau, détail, mail, bail, alibi, agenda, accessit, diorama, bifteck, sénéchal, essieu, quolibet, licou, bonhomme, corail, portefeuille, gentilhomme, chèvrefeuille, becfigue, aloyau.

B. Pas. déf. et subj. pr., 3e pers. sing. :

Agréer, moudre, pourvoir, fuir, travestir, alléger, rejeter, acheter, se taire, méconnaître, écrire.

C. Mettre dans une 1re colonne les compl. déterm. ; dans une seconde, les noms en apposition ; et dans la 3e les attributs :

La ville de Rome fut fondée par Romulus, frère de Rémus. — Le roi Alexandre eut pour précepteur Aristote, surnommé le Philosophe, disciple et rival de

Platon. — Les eaux du Rhône. — Le fleuve du Rhône. La province de Normandie. — Les collines de Normandie. Tenir quelqu'un pour savant. — Nommer quelqu'un vice-roi. — Vous l'avez rendu heureux. — Cueillir des fleurs sur le sommet des montagnes. — Il est beau de se dévouer pour le salut de la patrie. — Le désir de connaître est la tendance de tous les esprits. — Plongé dans la chaleur d'une fournaise, le fer semble devenir du feu. — Montrez-vous dociles et consciencieux. — Vrais disciples du Christ, les premiers chrétiens demeuraient étroitement unis dans la charité.

156. *A.* **Aide, ciel, aigle, gens, hymne, orgue, témoin.** — Mettre le mot convenable :

A la vue des ... (*romain*), les légions entonnèrent (*un*) ... guerrier. (*Mûri*) par l'expérience, les (*vieux*) ... seront toujours pour nous des ... (*précieux*). (*Tout*) les ... (*sensé*) vous diront que dans le travail qui vous (*échoir,* pas. ind.) (*le meilleur*) ... dont vous (*pouvoir,* au présent) vous assurer, (*c'être*) la sage direction et l'influence incontestée de votre oncle. Le son des (*grand*) ... me remue jusqu'au fond de l'âme. Ces montagnards (*se flatter,* pl.-q.-p.) de capturer (*un*) ... avec ses petits. La vertu est toujours possible : ... les saints. Nous avons été ... de l'accident. Les ... réussissent mal dans les tapisseries.

B. Mettre au singulier ou au pluriel, suivant le sens, le nom employé après les prépositions *à, de, en,* etc. :

Des coups de fusil. Un mur de brique. Un pont de bateau. Des nids d'oiseau. Un essaim d'abeille. Une salle d'arme. Du sucre de canne. Des coups d'épaule. Un camarade d'étude. Des maîtres d'étude. Des outils à manche. Un vêtement à manche. Des fruits à noyau. Un fruit à pépin. Une montre à seconde. Des verres à liqueur. Une cave à liqueur. Passer à pied sec. Se mettre à genou. Un meuble à tiroir. Un toit de tuile. Des hommes en chapeau. Un enfant en sabot.

157. *A. Ciel, aigle, délice, amour, hymne, aide, orgue, Pâque, orge :*

De (tout) les ..., (le plus fort et le plus tendre) est ... (maternel). — (Quel) ... inondent les saints dans les splendeurs des ... ! (Cet) ... est un des plus (grand) que je (*voir,* au passé). — (Mon plus grand) ... a été de méditer le sens (du beau) ... que je (*entendre,* pas. ind.) chanter à la Dédicace. — Ces (ciel) sont peints avec une rare perfection. — En apprenant que leurs ... (*tomber*, pl.-q.-p.) au pouvoir des Germains, les légions de Varus (*se sentir*, pl.-q.-p.) envahir par le découragement. (Quel) ... que Napoléon Ier ! Que d'... il (*enlever*, pas. ind.) à l'ennemi ! L'... que vous (*entendre*, pas. ind.) jeter des cris (perçant) est (furieux) de se voir ravir ses petits. L'aide (le plus sûr) que vous (*pouvoir*, prés.) avoir dans le malheur est (celui) de Dieu. — Les soldats (*s'avancer*, pas. ind.) au combat en chantant des ... (guerrier). — *Au féminin et au pas. ind.* : Votre neveu s'empresse d'obéir aux moindres désirs que nous lui exprimons. Nous nous plaisons à le féliciter des excellentes dispositions qu'il ne cesse de montrer. — L'... que vous (*semer*, pas. ind.) il y a (quelque) quatre mois, nous (le) voyons moissonner. — Au revoir à ... (prochain).

B. Mettre au nombre voulu les mots entre parenthèses :

Certains peuples ont des vêtements de (peau). On lui a donné du jus de (poire) (cuit). Voilà du jus de (poire). Passez la corbeille (au pain). Le réfectorier porte un panier de (pain). Vous avez passé le torrent à (pied sec) et lui l'a sauté à (pied joint). L'écolier a sa plume en (main), tandis que le domestique a son balai en (main). Pour prier, on se met à (genou). Les Orientaux appellent Francs tous ceux qui portent (chapeau). Allez chez le marchand de (chapeau). De la marmelade de (pomme), de (prune), (d'abricot). Un marchand de (poisson), de (charbon), de (soierie). De la gelée de (groseille), de la gelée de (groseille vert).

158. *A*. Distinguer les deux sortes de subordonnées et indiquer le rôle précis qu'elles jouent :

Il importe que vous ayez fini quand je reviendrai. Savez-vous si votre frère sera de retour lorsque nous nous occuperons de cette question? *Il* est *utile* que vous sachiez avec quelle prudence nous avons agi. Faut-il vous *rappeler* que vous n'arriverez jamais à être un homme si vous ne développez votre volonté? Croyez-vous qu'il suffise de *désirer* le ciel pour y arriver? Non, Jésus-Christ nous affirme que si nous ne savons pas nous faire violence, nous n'aurons aucune part à son royaume céleste.

Fonction des mots en italique.

B. Mettre au pluriel un ou plusieurs noms composés où entrent les mots suivants :

Fleur, partout, chef, matin, basse, gorge, blanc, terre

main, tête, mère, loup, coq, seing, coureur, guet, coffre, drapeau, noisette, garde, demi, plume.

C. **Orge, période, œuvre, personne, gens, quelque chose. — Noms propres :**

Pour savoir quelque chose, il faut l'avoir (appris). (Quel bon) gens! Ce sont les (meilleur) gens que j'aie jamais (vu). Les (vrai honnête) gens sont (celui) qui connaissent et avouent leurs défauts. Quelque chose que vous ayez (dit) à cet indiscret, il l'a (publié) partout. Je connais (tel) gens de lettres qui sont fort peu (estimé). Les deux (Sénèque) sont nés à Cordoue. Quel progrès les (Cuvier) et les (Buffon) ont fait faire à l'histoire naturelle! Les (Néron) seront toujours détestés. Chaque siècle ne produit pas des (Fénelon), des (Bossuet), des (Corneille), des (Racine) et des (La Fontaine). Les (Charlemagne) et les (saint Louis) ont rehaussé leur gloire en protégeant la religion. L'orge qui a été (semé) n'a pu lever, faute d'humidité. (Le dernier) œuvre de Mozart a été un Requiem. Qui est-ce qui possède aujourd'hui l'œuvre (complet) de Callot? Les gens (poltron) sont à plaindre. Les (bon) gens sont ordinairement (bavard).

159. *A. Noms propres. — Foudre, gens, couple, personne, quelque chose, enfant :*

(Quel) — de guerre que les (Condé) et les (Turenne), ces (Alexandre) de la France! Charles-Quint régna sur toutes les (Espagne) et sur les deux (Amérique). (Quel) gens de cœur et quels chrétiens héroïques que les (Paqueron, les Pimodan, les Garcia Moreno)! A toutes les époques la France a produit des (Bayard) et des (Drouot). Les deux — de tourterelles que (j'*élever*, pas. ind.) ont fait chacun (*son* ou *leur*) nid. Que de (naïf et sot) ... se croient de (vrai) aigles! C'est ... de bien (ennuyeux) que la compagnie des ... (bavard).... qui leur (*arriver*, pas. du subj.) ils ont montré un courage, une patience (étonnant). Catherine de Médicis nourrit la haine des (Condé) contre les (Guise); c'est elle qui fut (l'instigateur) des mesures de la Saint-Barthélemy. Le musée du Louvre renferme des (Raphaël), des (Murillo) et des (Poussin). Les (Mansard) et les (Soufflot) ont été la gloire de l'architecture française. Les deux (Pline) (*se distinguer*, pas. ind.) par leur science. Ma bibliothèque s'est enrichie de trois (Virgile) et de deux (Homère). (Mon cher) ..., disait une mère à sa fille, (*se souvenir*, impér. sing.) d'être toujours (respectueux et prévenant) envers tes (aïeul). (*C'être*) la corruption et la servilité des Romains qui (*rendre*, pas. déf.) *possibles* (*entre* ou *parmi*) eux les (Néron), les (Caligula) et les (Tibère).

B. Rendre compte des expressions suivantes :

Condamner	un criminel, la conduite de quelqu'un, sa porte, un malade.	Jouer	du hautbois, au malade, de malheur, gros jeu.

C. **Analyse.**

Quand tout nous sourit, *il* nous est *facile d'appeler* Dieu notre *Père;* mais viennent *de* mauvais *jours*, et aussitôt nous montrons par notre *pusillanimité* que nous aimons notre bien-être plus que *Dieu.*

Analyer les propositions. Fonctions des mots en italique.

160. *A. Compléments du nom :*

Les volcans vomissent des tourbillons de (fumée) et de (flamme), des torrents de (lave), des avalanches de (cendre) et de (pierre). Nattes (d'herbe); paniers de (bambou); peaux de (tigre) et de (léopard). On nous offrit des peaux de (tigre) qu'on venait de tuer. Nombre de gens (*flotter*, prés.) de (pensée en pensée), de (projet en projet). L'Egypte est une contrée riche en (toute sorte) de (souvenir). Pendant le carême les chrétiens se nourrissent surtout de (légume) et de (laitage), de (fruit) et de (poisson). Parfum — bouquet de (violette).

Gens d'épée, d'affaire; bêtes à corne, à plume; tas de sable, de pierre; un peintre de talent; des ceps de vigne; botte de foin, d'asperge; des peaux de chat; bouquet de rose; eau de rose; poisson de rivière; forêt de chêne, colonnes de chêne.

Quelle différence entre nid de fauvette *et* nid de fauvettes?

B. Genre de :

Phylactère, poix, prytanée, quinconce, razzia, cilice, sole, scaphandre, silice, saule, store, sulfate, steppe, spasme, synode, molécule, zèbre, aérolithe, urticaire, tulle, alvéole.

C. Adjectifs dérivés des noms suivants :

Science, rigueur, vie, saveur, fin, fils, terre, face, sang, vapeur, femme, corps, ciel, enfer, évêque, démon, histoire, flegme, gloire.

Noms dérivés des mots suivants :

Affirmer, balustre, duc, marquis, pair, nonce, diacre, prieur, adhérer, pendre, conclure, abstraire, bœuf.

161. *A.* Un cure-dent, une reine-Claude, un ouï-dire, un procès-verbal, un sauf-conduit, un serre-papiers, un tire-botte, un garde-fou, un brise-tout, un serre-tête, une chauve-souris, un abat-jour, un œil-de-chat.

Une contre-vérité, un contrepoids, une contre-marée, une arrière-cour, un hôtel-Dieu, une arrière-pensée, un contre-ordre, un fac-similé, un ex-voto, un in-folio, un in-quarto, un in-octavo.

B. Former des verbes en combinant les préfixes **dé, dés, des, dis** avec les mots suivants :

Goût, serrer, obéir, joindre, unir, meubler, garnir, hériter, obéissance, crédit, mérite, figurer, altérer, règle, armer, mentir, centraliser, boucher, tendre, convenir, simuler, plier, ranger, agréable, charge, faire, approuver, espérer, lasser, loger, grader, jeûner, cacheter, chausser, proportion, border, avouer, classer, organiser.

C. **Compléments du nom :**

Baies (d'églantier). Collier de (perle). Meubles de (sapin). Forêt de (sapin). Lit de (mousse). Cornes de (buffle). Haie d' (aubépine).

Des hommes d'épée, du sirop de cerise, un baril d'olive, des œufs de poule, des œufs d'oiseau, des forêts de sapin, des peaux de léopard, des carrières de pierre, des voix d'enfant, un groupe d'enfant, un palais de roi, un cortège de roi, un lit de plume, des marchands de pomme, un musicien de talent.

D. Compléter par le son **an** bien orthographié, et indiquer le genre de chaque nom :

—peigne, —physème, —phase, —c—, —céphale, r—pe, —chère, —cyclopédie, —dive, —g—ce, —seigne, —se, l—de, —te, —térite, —thymème, —trave, m—the, b—cal, —phore, bal—ce, pot—ce, part—ce, créd—ce, nonchal—ce, achal—dé, —m—ché, p—se, —pyrée.

§ II. — RÉCAPITULATION DE L'ARTICLE

162. *A.* Corriger, s'il y a lieu :

Les hautes et les superbes pyramides d'Egypte ont résisté à la main du temps. On nous a offert des belles et des bonnes poires. On appelle périgée le point où une planète est la plus rapprochée de la terre. L'Ecole des eaux et forêts a été fondée en 1824. Le contentement passe la richesse. Les montagnes les plus hautes se trouvent en Asie. Le premier et le second étage de cette maison (*consumer*, pas. ind. passif) par le feu. Les bonnes ou mauvaises conversations forment ou gâtent les jeunes gens. Les marines anglaise, française et russe sont le plus puissantes. C'est aujourd'hui que notre chère malade est la moins fatiguée. N'avez-vous pas des peines? L'ancien et nouveau continent sont séparés par d'immenses océans. La bonne ou mauvaise fortune laisse le chrétien indifférent.

B. **Au Père céleste.**

Notre *Père* des cieux, *Père* de tout le monde,
De vos petits *enfants* c'est vous qui prenez soin;
Mais à tant de *bontés* vous voulez qu'on réponde [1],
Et qu'on demande aussi, dans une *foi* profonde,
Les *choses dont* [2] on a besoin.
Vous m'avez tout donné, la vie et la lumière,
Le *blé* qui fait le pain, les fleurs *que* j'aime à *voir*,
Et mon père et ma mère, et ma famille entière;
Moi, je n'ai rien pour vous, mon Dieu, *que* la *prière*
Que je vous dis matin et *soir*.
Notre Père des cieux, bénissez ma jeunesse;
Pour mes parents, pour moi, je vous prie à genoux;
Afin qu'ils soient [3] heureux, donnez-moi la sagesse,
Et puissent leurs *enfants* les contenter sans cesse
Pour être aimés d'eux et de vous!

(Mme A. TASTU.)

Fonction des mots en italique. — 1. 2. 3. Analyser les propositions.

C. Copier les phrases suivantes en supprimant l'article et l'adjectif déterminatif quand le sens le permet :

La méfiance est la mère de la sûreté. Le contentement passe la richesse. La pauvreté n'est pas un vice. La paresse et la misère vont de compagnie. Les prières, les promesses, les menaces, rien n'a pu ébranler le courage des martyrs. Plus fait la douceur que la violence. Il y a leçon d'histoire le lundi, le mercredi et le samedi de chaque semaine. Ses frères et ses sœurs sont venus le voir. La richesse n'est pas une vertu.

163. *A.* **Article devant les superlatifs.** Mettez, suivant le sens, *le*, *la* ou *les* devant *plus*, *mieux*, *moins* :

C'est au massif du Marboré que les Pyrénées sont —

plus élevées. C'est le matin que les fleurs sont — plus belles. — plus savants des hommes ont été aussi — plus religieux. C'est à sa source que l'eau est — plus pure. Pélissier fit traverser l'Alma à l'endroit où elle était — plus profonde. C'est hier que ma sœur a été — plus souffrante. Où la plaisanterie est — plus déplacée, c'est quand elle a pour objet des défauts physiques. Quand serez-vous — plus heureuse dans votre vie? demandait-on à une jeune enfant. Le jour de ma mort, répondit-elle. Les hommes — plus riches ne sont pas — plus heureux. Sachez que quand vous êtes — éprouvés, Dieu est — plus (prêt *ou* près) de vous.

B. Fut. s. et subj. imp., 2e pers. sing. :

Conquérir, assaillir, pouvoir, déchoir, recouvrir, encourir, valoir, s'asseoir, savoir.

C. Corriger, s'il y a lieu :

L'administration des postes et télégraphes. Les bons ou mauvais livres exercent une grande influence sur l'esprit et le cœur. Voici de bons et de beaux fruits, des légumes verts et secs. L'Ancien et Nouveau Testament. Cléopâtre parlait facilement les langues (grecque, latine et assyrienne). Les maîtres et élèves de ce collège. Les vᵉ et vıᵉ siècles. Les père et mère. Les sentences et les proverbes des Arabes. Manger de petits pois, de petits pâtés. Le Cotentin ou la presqu'île de Normandie. Le Bosphore ou le canal de Constantinople. Lisez les auteurs anciens et modernes. Les fermes et loyaux caractères. C'est au jour de notre première Communion que nous avons été les plus heureux. J'ai de la bonne encre et de l'excellent papier. Ne faites pas des dépenses inutiles, des dépenses que motiverait uniquement le caprice ou la recherche excessive du bien-être.

D. Dire l'espèce et le temps des verbes suivants :

Etre aimé, s'être plaint, être parti, qu'ils soient loués, ils seraient devenus, qu'ils fussent aimés, qu'ils fussent revenus, avoir été blâmé, ils seraient partis, ils seraient aimés, devoir être averti, avoir dû entendre, ayant ri, s'étant aperçu.

164. *A.* Rendre négatives les phrases qui sont affirmatives, et réciproquement :

Cet homme a de la fortune, du talent, des amis, et pourtant il n'est pas heureux.

Avez-vous des amis? Il a montré du courage et de la persévérance.

Notre avant-garde ne rencontra pas d'ennemis. Il boit du vin, de la bière. Il espère une récompense. Nous attendons du renfort.

B. Analyser les articles et indiquer la fonction des mots en italique :

Des *affirmations* ne sont pas des *preuves*. De l'*eau* stagnante il s'exhale souvent des *odeurs* pestilentielles. De l'*eau* stagnante est une boisson malfaisante. Des *enfants* paresseux n'espérez rien de *généreux*. Des *blessés* gisaient sur le bord des *routes* et poussaient des *cris* déchirants. Servez-nous du *pain* bis, de bonne viande, des légumes frais. Un lion est plus fort qu'un *tigre*. Un esclave du nom d'Androclès fut sauvé par un lion auquel il avait arraché une épine du *pied*. Un affluent est un cours d'eau qui se jette dans un autre. De grandes *fêtes* eurent lieu en l'honneur des marins russes.

C. Corriger, s'il y a lieu :

On offense souvent en disant des bons mots. Je n'ai pas de la fortune pour la gaspiller en folles dépenses. L'ancien et nouveau continent (*ronger*, pas. ind. passif) par l'Océan. C'est auprès de leurs père et mère que les enfants doivent être les plus heureux. L'homme vain accepte les louanges (même) le moins méritées.

§ III. — RÉCAPITULATION DE L'ADJECTIF

165. *A*. Nature et fonction des adjectifs suivants :

Nulles funérailles ne furent plus magnifiques. Quel chrétien que l'illustre Garcia Moreno! De tels hommes sont malheureusement trop rares. Y a-t-il aucun homme qui se dise parfaitement heureux? Louis XII se montra très dévoué pour son peuple. Page trente-cinq. C'est le 25 décembre de l'an 800 que Charlemagne fut couronné empereur. Dans un combat mémorable qui eut lieu en 667 avant Jésus-Christ, un Horace lutta contre trois Curiaces.

B. Corriger, s'il y a lieu :

Riche ou pauvre, vous m'avez toujours été fidèle. J'ai vu le Rhône : son cours est des plus rapides. Il est salutaire de penser à l'enfer, afin de se préserver de ses flammes. Malgré la petitesse de leurs corps, les fourmis accomplissent de grands travaux. Ils avaient apporté chacun son offrande. Ces découvertes sont nôtres. Ils s'étaient retirés chacun dans leurs maisons. Enclin à l'oisiveté, il faut des grands efforts pour s'en corriger. Heureux ou malheureux, nous vous serons toujours dévoués. Un vase de terre cuit. Une agglomération de maisons bâtie en briques, — fort gênantes pour la vue. Dieu est témoin de vos bonnes et mauvaises actions. Qui n'admirerait ces jeunes et vaillants soldats? Honorez vos père et mère.

C. Dire si les mots en italique ont le sens positif ou le sens négatif :

Y a-t-il eu *aucune* époque plus féconde en hauts faits et en œuvres d'art que le moyen âge? *Rien* n'est plus difficile que la modération dans les richesses. Est-il *rien* de plus beau que la constante fidélité au devoir? Connaissez-vous *personne* de plus (dévoué) que nos sœurs de charité et nos missionnaires? A-t-on *jamais* vu dans l'histoire des actes de barbarie et de cannibalisme plus affreux que ceux de la Révolution française? N'avez-vous *rien* à dire? Il n'est *personne* qui puisse compter sur le lendemain. Ne faites *aucune* concession aux méchants.

D. Corriger, s'il y a lieu :

Nous avons payé ces volumes cinq francs chaque. J'ai reçu la vôtre hier matin. Les marins français et russes hissèrent (leur drapeau). Dieu connaît nos bonnes et mauvaises actions. Honorez vos père et mère. On lui a pansé ses plaies. On a marché sur vos pieds?

166. *A.* Grouper par doublets les mots suivants :

Pâtre, rançon, prêcheur, mâcher, frêle, raide, castel, chenal, confiance, pasteur, entier, canal, rigide, fragile, prédicateur, château, mastiquer, loyauté, rédemption, dîme, sembler, louer, légalité, simuler, décime, confidence, intègre, doter.

B. Impérat., 2e p. sing. :

Savoir, y aller, en donner, coudre, vaincre, dételer, abréger, voleter.

C. Convertir les propositions suivantes en complétives (1) et

(1) On peut se servir à cette fin de tournures comme celles-ci : Sachez que... Il est évident, nécessaire que... Il importe que... Chacun sait que.. Dieu veut, les savants nous affirment, igno-

ajouter à chacune d'elles une coordonnée exprimant le contraire :

Evitez le mal. La paresse entretient tous les vices. L'orgueil est haï de Dieu et des hommes. L'union fait la force. La chaleur dilate les corps. Le vice aura son châtiment. Le travail chasse la misère. Les bonnes lectures sont un remède pour l'âme. Couchez-vous tôt le soir. La vieillesse est généralement prudente. La reconnaissance alimente la source des bienfaits. La tempérance conserve la santé de l'âme et du corps.

D. Ajouter un nom féminin :

Contigu, absous, discret, franc, grec, caduc, bénin, sec, grognon, frais, sourd-muet, nouveau-né, mordoré, frais cueilli, gris cendré.

Ajouter un nom au pluriel..., quand on le peut :

Impartial, vicinal, glacial, frugal, rose, vert pâle, loyal.

167. *A.* **Accord de l'adjectif et du verbe :**

(Quelque *être*, prés.) leur ignorance ou leur mauvais vouloir, je les excuse. (Quelque perverti) que (*être*, prés.) l'intelligence et le cœur de l'homme, (tout affaibli) que (*sembler*, prés.) en lui le sentiment et la volonté, il ne faut jamais désespérer de sa conversion. (Quelque) conseils que vous (*donner*, prés.) votre père ou votre mère, recevez-les avec reconnaissance. (Quelque grand) que (*être* prés.) votre fortune ainsi que votre crédit, ne vous y fiez pas. Son entrain et sa gaieté (habituel) (*plaire*, prés.) à ses compagnons.

B. Corriger, s'il y a lieu :

Il est enclin et dominé par la paresse. Notre bonheur ou notre malheur éternels dépendent de nous. Les uns sont désireux, les autres indifférents à la gloire. Je suis sensible et reconnaissant de vos bontés. Un souci, une préoccupation continuels. Un courage ou une prudence étonnants. Un acte, un geste, une parole insignifiants peuvent occasionner une dispute. Un nombre d'années déterminées. Il n'avait pas le courage non plus que la force nécessaires pour supporter cette douleur. Parmi les publications périodiques, il y en a des annuelles, des semestrielles, des trimestrielles, des mensuelles, des hebdomadaires et des quotidiennes. Le chrétien a l'esprit ainsi que le cœur occupés de Dieu.

rez-vous que... Nous expérimentons, nous voyons, constatons souvent que... Que d'exemples prouvent que..., etc.

C. Espèce et temps des verbes suivants :

Qu'il fût mort, ils se seraient imaginé, n'étant pas arrivé, vous étiez-vous doutés? s'être arrogé, être reparti, tu seras récompensé, avoir dû comprendre, elle aura été entendue, que je sois convenu, étant loué.

168. *A.* Le cotinga est remarquable par l' (éclatant) couleur de ses plumes (rouge cramoisi, bleu clair, jaune orangé) avec des reflets (vert doré). Quel parfum s'exhale de ces roses (frais cueilli)! L'ange extermina les (premier-né) des Egyptiens. Cerises (aigre-doux). Fleurs (semi-double, frais éclos). Ces (bon) gens sont extrêmement (poli). Faites tous les efforts (possible). On n'a fait (aucun) frais pour votre arrivée. (Nul) troupes n'étaient mieux aguerries que celles de Napoléon Ier. La plupart des nations de l'Europe entretiennent sous les armes le plus de soldats (possible). *(Adjectif possessif* ou *en)* : L'étude de la science est un peu (amer), mais... fruits... sont bien doux. Faites le moins de fautes (possible). Les hommes ont les (même) devoirs et les (même) droits.

B. **Analyse.**

*Tandis qu'*il écoutait le récit des ignominies et des *supplices que* les Juifs *firent subir à Jésus-Christ,* le *roi* franc *Clovis s'écria* avec *indignation :* « *Que n'*étais-*je là avec* mes *Francs!* »

C. Corriger, s'il y a lieu :

Il y a une grande affinité entre les langues française et italienne. Quels (chef-d'œuvre) d'architecture (*ne pas produire*) les XIIIe, XIVe et XVe siècles ! Ils se font (fort) de réussir. Ces enfants chantent (juste). Quatre demies font deux entiers. Vous recevrez (ci-joint) copie du traité. (Quelque) convaincantes que (*être,* prés.) les pièces (ci-joint *ou* ci-jointes), (quelque preuves) qu'on (*apporter ou croire apporter,* passé) contre vous, (tout) certaine et (tout) imminente que (*paraître,* prés.) votre condamnation, des gens bien (informé), des membres (même) du jury nous (*assurer,* pas. ind.) que vous (*bientôt réhabiliter,* passif). L'armée anglaise avait parcouru (quelque) 18 (mille) en 5 heures et (demi). Louis XIV est mort en 1715, âgé d'environ 80 ans. L'un de ces conscrits a obtenu le numéro 85, et l'autre, le numéro 200. En offensant Dieu, vous tournez contre lui les bienfaits (même) dont il vous a comblé. Ceux (même) qu'il avait (cru) ses meilleurs amis l'abandonnèrent. La loi mosaïque fut proclamée sur le mont Sinaï vers l'an 1500 avant Jésus-Christ. Ces morceaux sont trop disparates pour faire plusieurs (tout).

169. *A*. Homonymes de :

Voie, cœur, chaud, statue, peau, date, faîte, poil, pois, tribu, amende, forêt, palais, appas, col, houx, fard, lutte, haire, plainte, lice, main, du, clair, tente, cor, conte, cène, fin, faux, air, foi, sel, sot, ton, ver, chair.

B. Appliquer les règles :

Ma (feu) tante faisait beaucoup de bien aux pauvres. Feu votre mère avait une grande prudence. Je n'oublierai jamais les bons conseils de feu ma mère. Il est parti une demi-heure après vous. Saint Louis suivait nu-pieds l'étendard de la vraie Croix. Cet enfant a toujours la tête et les pieds (nu). Ces circonstances supposé vraies, vous avez agi prudemment. Le malade a entendu sonner les heures et les (demi). Il y a des personnes qui aiment à faire toutes sortes de bonnes œuvres, excepté celles qui sont de leur devoir. La vérité et la vertu (excepté), tout passe comme un songe. Tout est grand dans le temple de la faveur, excepté les portes, qui sont si (bas) qu'on ne peut y passer qu'en rampant.

C. Corriger, s'il y a lieu :

Vous trouverez ci-joint les pièces que vous m'avez demandé. Je vous recommande la lettre ci-inclus. J'ai reçu votre balle de drap franc de port. Ci-joint, je vous envoie quittance des sommes que vous avez versé. Ci-joint la copie que vous demandez. Le soleil tourne sur son axe en vingt-cinq jours et demi. Passé cette semaine, nous n'admettrons plus vos réclamations. Le bon vieillard marchait tête nu, appuyé sur son bâton. L'hyène a le poil et la crinière gris obscur. Les Arabes se font appliquer une couleur bleu foncé sur les bras et sur les lèvres.

170. *A*. Genre de :

Cycle, cymbale, camphre, antre, interstice, gypse, haltère, hémicycle, hydre, ilote, horoscope, ivoire, mélèze, murène, naphte, nef, opale, onyx, orme, ovaire, pacage, parafe, phalène.

B. *Nu, feu, ci-joint, franc de port, mi, demi, semi :*

On ne veut pas que tu (courir)... pieds et tête ... — La séance a duré deux heures et ... — Il a du vin (plein) ses caves. Les pièces ... démontrent la vérité de mes

BIBLIOTHÈQUE NATIONALE DÉPÔT LÉGAL IMPRIMÉS

(dire). — Les lettres qui ne sont pas ... (*payer*, prés.) la double taxe. Vous trouverez ... copie du contrat, — la copie du contrat. — ... nos (aïeul) nous ont souvent (raconté) avec quel courage et quelle énergie (persévérant) ils avaient fait face aux nécessités de la vie. Ces (dahlia) (semi-double) sont fort (joli). Il ne jouit que de la (nu) propriété de ses biens. Jeanne d'Arc élevait ses mains (à demi) consumées par le feu. Notre pendule sonne les quarts et les ...— Ces dames chantent (juste). Etoffes (mi-parti) de blanc et de noir.

C. Fut. s., 3e p. sing. :

Assaillir, payer, pourvoir, recourir, émouvoir, seoir, ennuyer, déchoir, tolérer, empaqueter, protéger, acheter.

D. Analyser les verbes suivants :

Eussent-ils, ils se seront abstenus, qu'elle soit arrivée, fussiez-vous, étant craint, qu'il eût su, que tu fusses blâmé, devoir venir, ayant dit, s'étant proposé, avoir dû être aimé.

171. *A*. Appliquer les règles :

Les vieillards, les enfants (*même*) ne sont pas sûrs du lendemain. Les hommes les plus vertueux (*même*) ont (*quelque*) défauts. La sagesse de Dieu se manifeste dans les choses (*même*) qui, au premier abord, nous semblaient inutiles ou nuisibles. (*Quelque*) habiles écrivains qu'aient été Racine et Boileau, ils n'ont pas échappé à la critique. La connaissance la plus nécessaire aux hommes, (*quelque*) (*être*) (*leur âge*) et (*leur condition*), (*est* ou *c'est*) celle de la religion. Dieu est (*tout*) yeux, (*tout*) oreilles, (*tout*) intelligence. La forêt était (*tout*) en feu. (*Tout*) Rome alla au-devant du vainqueur. Ils prennent une (*tout*) autre direction. (*Tout*) autre récompense lui (*paraître*, cond. pas. 2e f.) trop faible. Votre mère est (*tout*) attristée, (*tout*) désolée de votre paresse.

B. Former des expressions où les mots suivants soient employés comme compléments déterminatifs :

Pharaons, Chéops, Noé, Babel, Cécrops, Toison d'or, Augias, Midas, Dracon, Damoclès, Mausole, Pythagore, Esope, Pindare, Phidias, Zeuxis, Archimède, Delphes, Styx, Capitole, Alésia, Normands, Jeanne d'Arc.

C. Compléter par le son **an, en, am**, etc. :

—phibie, —tenne, c—phre, —oblir, —bigu, —mener,

—céphale, —thère, —t—dem—, caïm—, t—(homon.), —c—, —tre (homon.), —se, —thrax, péd—.

172. *A.* **Même, tout, quelque :**

(Quelque) sages maximes que nous (léguer, passé) l'antiquité païenne, (tout) autre est la morale chrétienne, qui nous ordonne de faire du bien à nos ennemis (même). (Tout) hardie et (tout) impudente qu'était Frédégonde, elle n'osait pas persécuter ouvertement saint Prétextat. (Tout) autre personne que Gustave Vasa se fût (découragé). Les vents transportent des graines (même) au delà des mers. L'oisiveté fait plus de ravages que (tout) autre passion. Tacite a (tout) une autre manière de raconter que Tite-Live. Sanctifiez toutes vos actions, vos désirs (même), en vous proposant une (tout) autre fin que votre plaisir. (Tout) autre manière d'agir est indigne d'un chrétien. On a retrouvé les remparts de Troie : ce sont les murs (même) que (*décrire*, pas. ind.) Homère.

Mettre au pluriel :

Connais-toi toi-même. Le chrétien est content dans son malheur même. L'homme même le plus ignorant admire les beautés de la nature.

B. Copier et corriger :

Accoutumez les enfants à raisonner (juste), afin qu'ils se montrent (juste) dans leur conduite. Les bonnes choses se vendent toujours (cher). Ces élèves parlent (haut) en classe. Les Polonais ne trouvent pas l'huile (bon) si elle ne sent (fort). (Ci-inclus), vous trouverez deux traites payables à présentation. Diogène marchait (nu-pieds) et couchait dans un tonneau. Accoutumez les enfants à rester, hiver et été, nuit et jour (tête nu). En passant la rivière à l'endroit où elle est (le *ou* la) moins profonde, nous n'avions de l'eau qu'à (mi-jambes). (Vu) les difficultés, je renonce à mes projets.

C. Contraire de :

Creuser un fossé, eau courante, couleurs vives, rue déserte, terrain en friche, plante annuelle, état passager, regard effronté, chemin raboteux, diamant taillé, visage sombre.

§ IV. — RÉCAPITULATION DU PRONOM

173. *A.* Corriger, s'il y a lieu :

Il a demandé grâce et il l'a obtenue. Ils se sont en allés. Sont-ils courageux ? — Ils le sont. Ce savant a trop fatigué sa tête. Est-ce là le pays dont vous êtes venu ? —

Ce l'est. La science à qui il faut donner la préférence, c'est celle de la religion. L'homme auquel vous avez rendu service ne le méritait pas. Ce sont le devoir et la vertu qu'il faut aimer, et non le plaisir. C'est d'eux que nous est venu le salut. Etes-vous l'une des sœurs de mon ami? — Je le suis. (Quoique) vous ayez dû penser de moi, j'ai cru nécessaire de refuser vos offres. Vous ou moi (*obtenir*, fut.) le prix. C'est votre frère et votre sœur qui m'ont fait connaître la famille d'où vous êtes issu. (Par ce que) vous avez vu, jugez du reste. La Fontaine a imité Esope dans ce qu'il a de bon. La paresse amène avec soi bien des vices. Il est des hommes qui disent du mal de soi pour qu'on les loue. Ils s'empressèrent à l'envi de donner chacun son offrande. Ils sont retournés chacun à son poste. Rangez ces meubles chacun à leurs places. C'est de cela dont il s'agit. Quiconque ne vit que pour lui est un égoïste. Abel offrit un sacrifice à Dieu qui lui fut agréable. On exige qu'on soit attentif. Dites-nous-le. Menez-l'y. Madame, êtes-vous grand'mère? — Je la suis.

B. Mettre en apposition les noms suivants :

Zénon, Sésostris, Démosthène, Taygète, Platon, Tarquin, Scipion, Sénèque, Salluste, Trajan, sainte Hélène, Charlemagne, Berthe, Haroun-al-Raschid, le Dante, Froissard, Léonard de Vinci, le Titien, Copernic, Ximénès, Shakespeare, Catinat, Mansard, d'Assas, Callot-Vaucanson, Marie-Antoinette, Schiller, Larrey, Dumouriez, Lacépède, Talma, Pradier, Récamier, Du Guesclin, Goethe, Cuvier, Dumont d'Urville, Horace Vernet, Gounod.

C. Diminutifs de :

Bateau, boule, carpe, corps, croc, fil, fille, fleur, histoire, île, jardin, arbre, lourd, mont, vieux, oie, perdrix, partie.

174. *A.* Corriger, s'il y a lieu :

Les vrais chrétiens se pardonnent les uns les autres. Aidons-nous l'un et l'autre. C'est vous dont je me plains. C'est dans cette maison où je vais. La charité est la source dont découlent nos mérites. De la manière que vous travaillez, vous n'arriverez à rien. Ils retournèrent chacun au poste qui lui était assigné. Notre âme est comme un jardin, qui, plus on le cultive, plus il donne de fruits. — Quelle différence de sens entre : Ils ont reçu, *chacun à son tour*, les visiteurs impatients; et, ils ont reçu, *chacun à leur tour*, les visiteurs impatients ? — Il ne suffit pas de demander conseil, il faut encore le suivre. Un jeune homme modeste ne parle de soi qu'avec une grande réserve. Beaucoup de ceux qui ont fait fortune ne savent pas l'employer convenablement. Mesdames, quiconque se sera dédit, paiera l'écot pour toutes.

B. Sens des expressions :

A brûle-pourpoint, à l'encontre, à l'envi, au fur et à mesure, à l'improviste, à l'encan, à tue-tête, à vau-l'eau, à verse, d'arrache-pied, d'emblée, en perce, en panne, en tapinois, en catimini, en un tour de main, cahin-caha, couci-couci, au rancart, ric-à-ric, à la bonne franquette, aller par monts et par vaux, forcer la main à quelqu'un, la lune rousse, coucher à la belle étoile.

175. *A*. Copier et choisir entre les deux expressions en italique ; rendre raison du choix :

On aime mieux mal parler de *lui-soi* que de n'en pas parler du tout. *Moi et Charles-Charles et moi*, nous avons été (obligé) de passer la rivière au gué. *Moi et Jules-Jules et moi*, nous (être puni, pas. ind.) de notre paresse. Etes-vous les prisonniers revenus d'Allemagne ? — Nous *le-les* sommes. Messieurs, êtes-vous Romains ? — Nous *le-les* sommes. Il est plus difficile de se guérir de l'ambition que de se préserver *d'elle-en*. Vous dites que ce jeune homme aime beaucoup son frère, détrompez-vous, il n'aime que *lui-soi*. *La vôtre et la mienne-Votre lettre et la mienne* (se croiser, pas. ind.). C'est une belle prière que *celle-ci-celle-là* : Mon Dieu, gardez-moi de moi-même.

B. Même exercice. (Corriger, s'il y a lieu) :

Corriger un enfant de ses défauts *est-c'est* le plus grand service à lui rendre. Le premier commandement de la religion *est-c'est* d'aimer Dieu. Quiconque est capable de mentir, il est indigne d'être compté parmi les hommes. Mettez ces livres chacun à *sa-leur* place. Il ont été (reçu) chacun à *son-leur* tour et selon *sa-leur* condition. En réponse *à la vôtre-à votre lettre* du 15 de ce mois, j'ai l'honneur de... Sont-ce là vos livres ? — Oui, *ce les sont-ce sont mes livres*. Tous les voyageurs parlent de la beauté de ce pays, *qui-laquelle* est vraiment extraordinaire.

C. Même exercice :

L'histoire, à l'étude de *qui-laquelle* je m'applique, me

plaît beaucoup. La charité (fraternel) est une dette *des uns et des autres-des uns envers les autres.* Je tiens cette nouvelle d'une personne (sérieux). Les jours sont toujours égaux entre les tropiques, ailleurs ils ne *le-les* sont jamais. Je viens de recevoir votre lettre et je m'empresse *de lui-d'y* répondre. Votre cheval est vicieux, je vous conseille de vous défaire *de lui-en.* Je n'ai point oublié vos commissions, demain je m'occuperai *d'elles-en.* J'ai lu une histoire dans ce livre, qui m'a beaucoup intéressé. Nous devons secourir les malheureux, chacun selon *ses-nos* ressources. C'est un projet que je ne puis croire qui réussira. C'est un jeune homme que je crois qui est vertueux et instruit.

176. *A.* **Analyse.**

L'Evangile *nous* apprend *qu*'au *jour* du *jugement* Jésus-Christ apparaîtra *plein* de gloire et de *majesté,* et rendra à *chacun ce qui* lui est dû. — La ville de *Moscou.* — Le temps de *lire.* — Il est *nécessaire* de *prier.*

B. Corriger, s'il y a lieu :

C'est à Jacquard à qui l'on doit l'invention des machines à filer le coton. Mon ami ne se plaint pas, mais prie et souffre en silence. Je pardonne et ne me venge pas des injures. Cet enfant est sincère, fiez-vous-y. Etes-vous écrivains ? — Nous les sommes. C'est dans les environs de Cauterets que les Pyrénées françaises sont les plus élevées. A l'approche de l'an mil, une foule de gens naïves et crédules avaient abandonné leur maison et leur famille pour s'occuper de leurs sorts éternels. Combien d'enfants ne pensent qu'à soi ! Le but de nos actions, c'est le bonheur. Vous êtes les deux qui avez été récompensés. L'étude, à qui vous vous appliquez, vous procurera des précieux avantages. La famille honorable d'où vous êtes issu. On est vraiment égal devant Dieu. Les créatures louent Dieu chacune à leur façon. Cyrus pouvait appeler chacun de ses soldats par (son ou leur) nom. J'ai trouvé un livre dans la bibliothèque qui était mauvais. La tempête qui s'est déchaînée sur cette contrée a dévasté ses habitations et ses cultures ; on voit encore aujourd'hui ses traces.

C. Impérat., 2e p. sing. :

Déceler, modeler, affréter, étiqueter, harceler, épeler savoir, appeler, abréger, y aller, en donner, s'en aller.

177. *A.* Emploi du pronom :

Etes-vous contente de votre voyage? — Non je ne ... suis pas. — La vertu apporte toujours avec... sa récompense. — Le méchant a beau fuir la peine de son crime ; il la porte en ... — Le fait ... est issue cette légende ; la famille ... il est issu ; — le rang obscur ... il est sorti ; les embarras ... il est sorti. — Heureux qui vit chez ....! — Quand on est (compatriote), on se rencontre avec bonheur sur la terre étrangère. — (C'être) : ... vous qui avez commis la faute et ... eux qui ont été réprimandés.

Dont, de qui, à qui, auquel, etc. :

...me fier désormais ?... me fier : ils m'ont trompé tous les deux. Trajan est un des meilleurs princes ... l'histoire ait fait mention.

B. Compléter les propositions suivantes, en ajoutant une principale à celles qui ont le chiffre................. 1
une incidente — — 2
une complétive — — 3
une circonstancielle — — 4

Cet élève a été puni [4]... — ... si [1] nous observons les commandements. — ... que [1] notre âme est immortelle. — Jésus-Christ nous affirme [3]... — Les peuples sécheront de frayeur [4]... — Les bonnes œuvres [2]... seront seules récompensées. — On vous a dit souvent [3]... — Si vous voulez conserver et développer la vie chrétienne, fréquentez les Sacrements [2]...

C. Mettre les verbes suivants aux modes et aux temps demandés :

	Ind. prés.	*Imparf.*	*Pas. déf.*	*Fut. simple.*
Je	semer,	lancer,	fuir,	mouvoir.
Tu	niveler,	revêtir,	mouvoir,	succéder.
Il	nettoyer,	gésir,	s'enquérir,	atteler.
Nous	ranger,	sourire,	haïr,	prévoir.
Vous	déplaire,	distribuer,	prévoir,	conquérir.
Ils	déteindre,	régner,	pourvoir,	ondoyer.

D. Corriger, s'il y a lieu :

Elle passe pour hautaine, (quoique) elle ne (le) soit pas. Marie-Antoinette avait l'air majestueuse. Le limaçon emporte sa maison avec lui. Toute faute entraîne après soi des remords. Messieurs, êtes-vous hommes de lettres? — Nous les sommes. L'égoïste rapporte tout à lui. Vous allez à Lyon. C'est là où j'ai été aussi l'an passé.

§ V. — RÉCAPITULATION DU VERBE

178. *A. Vaincre, fleurir, acquérir, méconnaître, ressortir, semer, se prévaloir, recueillir, déchoir, contredire, gésir, appeler, se repaître, bourreler, recourir :*

Vous ... (fut. s.) la véritable gloire par la fidélité à tous vos devoirs. — Les arts ... (imparf.) sous les Médicis. — Les remords ... (prés.) la conscience du criminel, à (quelque) moyens qu'il ... pour les étouffer. — Malheur à vous, qui ... (prés.) de votre puissance et qui ... l'enseignement du Christ! Vous... (fut.) un jour honteusement et vous ... en vain ce Dieu que ... (pas. ind.). — Cette affaire ... (prés.) du Conseil d'Etat. — Achab ... (imparf.) baigné dans son sang, et les chiens ... de ses chairs. — Courage! âme chrétienne, ... (impér.) tes passions : tu ... (fut.) bientôt dans l'allégresse ce que tu ... (prés.) aujourd'hui dans les larmes.

B. **Accord du verbe :**

(*être*) Toi et moi ... alors jeune et sans expérience. — (*refuser*) Ni toi ni ton frère ne me ... le secours que je réclamais. — (*avoir, s'exagérer, être*) Peu d'hommes ... la modestie en partage; beaucoup ... leur mérite, et la plupart ... jaloux de celui d'autrui. — (*garder*) Nous sommes ici trois qui ... le souvenir de vos bontés. — (*obscurcir, porter*) Une nuée de traits, qui ... l'air, ... l'épouvante dans toute l'armée. — (*suivre*) Plût à Dieu que je ... vos avis! — (*falloir*) Il ... que l'orateur eût élevé davantage la voix. — (*vouloir*) Vous ... que personne ne connût votre charité pour ce malheureux. — (*faire*) Il serait urgent que vous ... la balance de vos comptes. — (*paraître, égaler, voir, demeurer*) Pour que Louis XIV ... ce qu'il était, il fallait que ses malheurs ... ses prospérités, qu'il ... tomber autour de lui tous ses enfants, et qu'il ... seul avec sa grandeur d'âme.

C. Mettre au mode et au temps voulus les verbes en italique et dire les règles :

Il faut que vous vous (*rendre*) utiles à votre pays. Il faut que vous (*courir*) où l'obéissance vous (*appeler*). L'honneur exige que tu (*être*) fidèle à tes devoirs. On veut que nous (*étudier*) l'histoire universelle. Je désirerais que cet élève (*travailler*) plus sérieusement. Je doutais encore ce matin que nos amis (*arriver*) hier. Nous désirerions qu'il (*venir*) nous voir demain. Il aurait fallu que vous (*apprendre*) le dessin à cette époque. Les enfants voudraient qu'on les (*amuser*) au lieu de les instruire. Il est juste que tu (*être*) le soutien de tes parents. Examine la création (*tout*) entière : tu (*se convaincre*, fut. s.) qu'il n'y a rien qui ne (*seoir*), rien qui ne (*concourir*) à l'harmonie générale, et tu (*acquérir*, fut. s.) la certitude qu'une intelligence ainsi qu'une puissance (*infini*) (*présider*, pas. ind.) à cet arrangement si merveilleux.

179. *A.*

(*être, c'être*) ... (interrog. prés.) là les orateurs qu'on a applaudis? — ... les ... — Punir ... (prés.) un tourment, pardonner ... un plaisir. — (*l'un l'autre, l'un et l'autre; celui-ci, celui-là*) Condé et Turenne étaient ... deux grands capitaines; ... gagnait la bataille avant de la livrer, et ... pendant qu'il la livrait. — Ils (*se féliciter*, pas. ind.) ... — (*Lui, vous*) ... et ..., ... (*mériter*, prés.) des éloges pour ... (adj. poss.) belle conduite. — (*en, je, le, moi, vous*) ... avez des livres bien (*intéressant*), prêtez ... ..., ... prie. — (*y, à lui*) J'ai connu l'adversité et je ... sais compatir. — (*dont, de laquelle*) Les lis réclament la rosée du ciel, ... ils attendent la fraîcheur et l'éclat. — Beau soleil qui (*briller*) au firmament, petit oiseau qui (*gazouiller*) sous la feuillée, ruisseau limpide qui (*serpenter*) dans la prairie, vous publiez tous la gloire de Dieu.

B. Compléter par le son **é, è, ê**, etc. :

Aubi..., ad...sion, s...n..., rami..., ...lice, f...tu, centaur..., apog..., coryph..., cam..., fram..., ...v...nement, d...barcad...re, d...l...t...re, dromad...re.

C. **Accord du verbe avec le sujet** (suite) :

Est-ce à nous que (*s'adresser*, imparf.) cette note et ce blâme si peu (*justifié*)? D'où (*venir*, prés.) la plupart des maladies, si ce n'est de nos vices? Pierre ou André (*avoir*, fut. s.) un premier accessit en calcul; mais ni l'un ni l'autre n'(*avoir*, fut. s.) de nomination en orthographe. Les Parisiens s'empressèrent de réparer les désastres que (*causer*, pl.-q.-p.) l'invasion ou la Commune. C'est à peine si la moitié des enfants (*parvenir*, prés.) à l'adolescence. Evitez les spectacles où (*se gâter*, prés.) l'esprit et le cœur. C'est ainsi que (*raisonner*, prés.) le grand nombre des hommes.

Le brin d'herbe comme le cèdre, le ciron aussi bien que l'éléphant, (*proclamer*) les perfections du Créateur. Un groupe d'îles (*devenir*, pas. ind.) la ville de Venise. Son zèle, son ardeur infatigable lui (*faire*, pas. ind.) surmonter toutes les difficultés. Une parole, un geste vous (*trahir*, cond. pas. 2e f.). Nous sommes deux qui (*être témoin*, pas. ind.) du fait. Nous sommes les deux qui vous (*accompagner*, pas. ind.) ce matin. O Dieu, qui (*sonder*, ind. pr.) le fond des cœurs et qui en (*découvrir*) les secrets les plus intimes, tu connais la droiture de mes intentions. Ni l'orgueilleux ni l'avare (*n'entrer*, fut. simp.) dans le royaume des cieux. Ni la douceur ni la sévérité (*ne pouvoir*, pas. ind.) vaincre son obstination. Le coucou ainsi que le rossignol (*annoncer*, prés.) le retour du printemps. Le riche, aussi bien que le pauvre, (*être*, ind. prés., *sujet*) à la mort. L'Espagne, de même que la France, (*arroser*, passif) par quatre grands fleuves.

D. 3e pers. sing. condit. présent de :

Déchoir, pleuvoir, falloir, s'asseoir, saillir (être en saillie), mourir, bouillir, cacheter, rire, acquérir.

Partic. prés. de :

Gésir, s'enquérir, ressortir (être du ressort de), repartir, répartir, moudre, fleurir, vêtir, échoir.

180. *A*. **Emploi des temps et des modes :**

Il y avait peu de courtisans qui (*oser*) contredire Louis XIV. Cette mère voudrait que son enfant lui (*écrire*) tous les jours. Dieu permit que Job (*éprouver*, au passif), afin que sa vertu (*briller*) d'un plus vif éclat. Quand les Egyptiens (*entrer*) dans la mer Rouge, celle-ci (*se refermer*) sur eux. Nous (*jouer*) au moment où il entra. Je regrette que vous (*ne pas me parler*) de vos projets lors de notre dernière entrevue. Pour peu que la situation (*devenir*) difficile, ce jeune homme se décourageait. Napoléon ne pensait pas qu'un peuple sans religion (*pouvoir*) être gouverné. *Quoique* ou *quoi que* vous (*écrire*), évitez la bassesse.

Est-il beaucoup d'hommes qui (*être*) contents de leur sort ?

On m'a offert } une occupation qui me (*convenir*).
Trouvez-moi }

Sous Charles VI, il n'y avait que les grands qui (*porter*) le deuil en noir.

Vous vous (*épargner*) bien des regrets si vous { êtes docile. / étiez — / aviez été —

Quoi qu'elle (*faire*), ma sœur { est / était } (*tout*) ardeur.

Jamais vous { n'avez vu / ne verrez } { qu'on *se repentir* d'une bonne action.

Il y { a / avait } peu de fruits qui (*être*) mûrs.

B. **Espèce et place des compléments.** Corriger, s'il y a lieu :

Certains enfants n'aiment que le plaisir et à jouer. Je crois cette action bonne et que vous n'en avez pas de regret. La religion accueille l'homme à son entrée et à sa sortie de la vie. Théodose eût facilement ramené à l'obéissance ses sujets révoltés par la clémence qu'il avait su montrer maintes fois. Il l'a récompensé et adressé des éloges. J'ai reçu une lettre de mon père, qui m'a bien attristé.

181. *A*.

Je pense
Je ne pense pas
Pensez-vous
Ne pensez-vous pas } qu'il en (*être*, prés.) ainsi.

Je souhaite
Il serait à souhaiter
Il eût été à souhaiter
Je souhaitais } que tous (*suivre*) les exemples de cet homme de bien.

Il faudrait que tous les hommes (*se souvenir et mettre en pratique les maximes*) de l'Evangile. Les anciens ignoraient que la terre (*être*) ronde. Ils (*se plaindre*) que vous ne leur (*pas répondre*, au passé). Il semblait que la terre (*tout*) entière (*être*) trop petite pour les projets ambitieux des (*Alexandre*) et des (*Napoléon*). L'Evangile est le don le plus magnifique que Dieu (*pouvoir*) faire aux hommes. Si vous étudiez votre caractère et que vous (*travailler*) sans relâche à vous corriger, je ne doute nullement que vous (*être*) bientôt un bon élève. Si vous aviez voulu et que (*pouvoir*).

B. Pas. ind., 2e pers. plur., *a*) forme affirmative, *b*) forme négative, *c*) forme interrogative, *d*) forme interrogative négative :

Se souvenir, s'en aller, se laisser abattre, se confier en Dieu, se voir leurrer.

182. *A*. **Emploi des modes et des temps :** Rendre successivement négatives et interrogatives les phrases du premier alinéa :

Je crois qu'il est parti ce matin, — qu'il sera parti ce

soir, qu'il partira bientôt. Il semble —, il me semble que ce travail (*être*) facile.

(*Je cherche quelqu'un*) que (*j'attendre*) depuis longtemps; — à qui (*je confier*, pas. ind.) mes effets; — qui (*vouloir*) me rendre ce service; — à qui (*je pouvoir*, prés.) me confier.

Peu d'hommes (*faire précéder de :* il y a) savent se vaincre. Pour peu que vous (*vouloir*), vous pouvez — vous auriez pu m'aider. Quelque savant qu'il (*se croire*), il ignore — il ignorait bien des choses.

Enfants, aimez qu'on vous (*reprendre*) de vos défauts. Je suis enchanté que l'affaire (*réussir*, au passé). Pyrrhus ne souhaitait plus de victoire qui lui (*coûter*) si cher. Les mouvements des planètes sont les plus réguliers que nous (*connaître*). Croyez-vous que les soldats (*remporter*) la victoire sans l'habileté de leurs chefs? Moïse (*mourir*) avant que son peuple (*entrer*) dans la Terre promise. Lorsque les eaux (*se retirer*), Noé sortit de l'arche. Plût à Dieu que je (*suivre*, au passé) vos conseils! Je serais allé vous voir s'il (*faire*) beau. Quand Alexandre (*mourir*), ses héritiers se disputèrent les débris de son (épithète) empire. J'aurais désiré que vous (*voir*) cela de vos propres yeux. Robespierre (*méditer*) de nouveaux crimes lorsque la justice de Dieu le (*frapper*). Il (*tomber*) hier une pluie (épithète). L'ennemi (*essayer*) de tourner la position, mais notre artillerie l'en empêcha.

B. Ajouter un complément déterminatif aux noms suivants :

Carapace, produits, progrès, étamines, science, docilité, voûte, noblesse, joies, cratère, émanations.

C. Corriger, s'il y a lieu :

Je vous ai souvent répété qu'il fallait toujours réfléchir avant de parler. J'ai appris que vous étiez malade depuis hier. On vous a annoncé que vous deviez venir demain. Je pensais qu'il m'aurait écrit. Avez-vous pu croire que Dieu ne fût pas juste?

183. *A. Accord du verbe avec le sujet :*

Que leur (*importer*, prés.) mon honneur, ma santé, ma vie même? La nécessité autant que la sagesse (les *engager*, prés.) à travailler sérieusement. Une parole, une larme, un soupir de Jésus (*suffire*, cond. pas. 2e f.) pour racheter le monde. Solon, ainsi que Lycurgue, (*être*, pas. déf.) (*un grand législateur*). Une ânesse avec son ânon (*fermer*, imparf.) la marche. Le temps ou la mort (*être*, prés.) (*notre* ou *nos*) (*remède*). Une inscription ou un bas-relief (*pouvoir*, prés.) fournir d'excellentes données à l'histoire. Ni le pinceau ni la plume ne (*savoir*, cond. prés.) rendre cette scène. Vous êtes trois braves qui (*combattre*, pas. ind.) si vaillamment. Vous êtes les trois braves qui (*combattre*, pas. ind.) si vaillamment. La multitude des croyants (*s'accroître*, pas. déf.) rapidement, et bientôt une foule de chrétiens (*dénoncer*, pas. déf. passif) aux tyrans. De ce côté une masse de (*maison gêner*, imparf.) la vue. Dans ce quartier une masse de (*maison*) (*être*, imparf.) (*construit*) en briques.

B. Genre de :

Episode, pore, épiderme, mythe, coryphée, aire, haire, arrhes, orbite, sandaraque, épigraphe, ulcère, pédale, pétale, exorde, balustre, antipode, arrérages.

C. Analyser les infinitifs :

Vivre sans remords, c'est se préparer à mourir sans regrets. Mieux vaut modérer ses désirs que de chercher à les satisfaire. Il ne faut pas croire qu'on puisse être vertueux sans lutter. C'est maintenant le temps de semer, plus tard viendra celui de récolter. A vaincre sans péril on triomphe sans gloire. Il est nécessaire de se vaincre pour aller au ciel.

§ VI. — RÉCAPITULATION DU PARTICIPE

184. *A*. *Participe présent et adjectif verbal :*

Ces (riant) vergers étaient remplis d'arbres (ployant) sous le poids des fruits. Les hommes (vivant) en société sont (dépendant) les uns des autres. — En (arrivant) sur la plage, nous aperçûmes une barque de pêcheurs ballottée par les vagues (mugissant) et (cherchant) en vain à gagner le port. Les vents (soufflant) avec furie paralysaient les efforts des braves marins, tandis que les éclairs (sillonnant) les sombres nuages éclairaient par intervalles cette scène lugubre et (effrayant) à voir. Au bout de quelques instants nous n'aperçûmes plus sur la mer que des épaves (flottant) vers la côte. — Ses compagnons (hésitant) à le suivre, il les gagna par les offres le plus *ou* les plus (séduisant).

B. Pas. déf., 3e p. sing. :

Discourir, lire, échoir, teindre, mettre, conclure, revoir, pourvoir, s'enquérir.

Cond. pas., 2e f. interr. négat., 3e pers. pl. :

S'asseoir, se dédire, luire, croître, se prévaloir, se déplaire, se pourvoir.

185. *A.* **Participes.** — Mettre les verbes au pas. ind. :

Ils s'assurent de votre concours. Ils s'assurent mutuellement qu'ils ne se quitteront pas. Que d'ennemis Napoléon n'eut-il pas à combattre ! Mais autant il s'en trouva, autant il en vainquit. — Cette propriété se vendra moins *cher* que vous ne l'espérez. Combien n'en voit-on pas vendre à vil prix, malgré les dépenses que nécessite leur entretien et les ennuis que coûte leur gestion ! Ils se (laisser) insulter, — descendre tout doucement. Pendant la (demi) année que la guerre *durer*. Les tentatives que je (croire) devoir faire, — réussir. Ce domestique nous sert fidèlement. Ce livre nous sert à merveille. L'herbe que ces faucheurs couchent sur le sol. La nuit que nous couchions à la belle étoile. Les caisses que nous pesions. Les 17 (en lettres) kilos que pèse ce colis. Comprenez-vous la langue qu'il parle ? Les trois heures que l'orateur parla. Les deux heures que je cours. Les dangers que je cours. Les 1280 (en lettres) francs que ce jardin coûte, il ne les vaudra jamais. Les trois (Virgile) que vous me dites n'avoir pas (reçu), je vous les (envoyer, pas. ind.) dès que je les (acheter). Que de projets ils forment chaque jour, et combien n'en voient-ils pas échouer ! Les enfants que je voyais errer (nu) tête et pieds (nu), je les vis rechercher par leur mère inquiète.

B. Il faut qu'il — que vous : contribuer, vaincre, vêtir, mouvoir, sourire, acheter, percevoir, enduire, exclure, souscrire, moudre, boire, croire, croître, sortir, travestir, s'enquérir, déceler.

C. Noms dérivés des verbes suivants :

Absoudre, tondre, pendre, réfléchir, décider, repousser, confondre, lire, agir, flotter, contrevenir, fleurir, absorber, échoir, pouvoir, partir, se souvenir, prévoir.

186. *A.* Classer en quatre colonnes les mots en italique, en mettant dans la première ceux qui sont sujets ; dans la 2e, les attributs ; dans la 3e, les compl. déterm., et dans la 4e les mots mis en apposition :

L'île de *Chypre ;* le colosse de *Rhodes ;* les vins de *Chypre ;* le fleuve du *Rhône ;* on le proclama *premier ;*

les murs de *Rome;* les eaux du *Rhin;* la ville de *Florence;* le roi *Henri IV;* on le nomma *consul;* cet homme vit *content* de son sort; que d'hommes sont devenus les *esclaves* du respect humain; il s'est toujours rencontré des *hommes* qui... ; c'est une *erreur* que de *croire;* il est *nécessaire* que vous sachiez.

B. **Participes.** — Mettre les verbes au pas. indéf. :

Les froids qu'il fait. Les inondations qu'il y a. Les pluies qui se succèdent. Elle se brûla la main, — à la main. Ils se piquèrent le doigt, — au doigt. Ils se rendent à mes raisonnements. Ils se rendent des services mutuels. Elle se blessa la jambe, — à la tête. Ils se jettent des pierres, — dans la mêlée. Ils s'arrogent tous les droits qu'ils veulent, — qu'ils peuvent. Il se fait répétiteur (au fém.). Elle se fait beaucoup de chagrin. Nous nous proposons de vous accompagner, — pour vous accompagner.

C. Convertir les noms suivants en appositions :

Drouot, d'Aguesseau, Santeuil, Phidias, Crète, Lyon, Suger, Mississipi, Kilima-ndjaro, Solon, Milton, Poussin, le Camoëns, Berryer, Ampère, Léon XIII.

187. *A.* **Participes.** — Mettre les verbes au pas. ind. :

Il tombe de grosses gouttes. Il se déchaîne une tempête. Il arrive de grands malheurs. Il m'échoit une mission bien délicate. Cette entreprise est plus difficile que je ne le pensais (pl.-q.-p.). Votre sœur est plus courageuse que je ne (*le croire*, cond. pas., 1re forme). Il nous survient de grands embarras. Les sommes qu'il me faut, je les trouve à point. Je lui rends tous les services que je lui dois en échange des bienfaits que j'en reçois. Je fais toutes les démarches que je peux, mais le peu de bienveillance que je rencontre rend inutiles les dispositions que je fais prendre. Elles se proposent de terminer promptement les travaux qu'elles ont à faire. Les récompenses qu'ils méritent ou croient mériter, ils les voient décerner à d'autres que le hasard ou l'intrigue désignent à la préférence du jury. Ce livre nous sert beaucoup dans les recherches minutieuses que nous devons faire. Ce domestique nous sert fidèlement; aussi obtient-il toujours les récompenses qu'il veut. Que de peines (*j'éprouve*) dans les cruels revers qui (*se succéder*) coup sur coup! Les richesses qu'on (*croire*) qu'elle possédait; ce torrent de larmes que le temps (*ne pas épuiser*); une chaîne de montagnes que nous (*apercevoir*); une foule de renseignements qu'on nous (*donner*); une foule de curieux qu'on (*rencontrer*); les vingt ans qu'il (*vivre*); les cinq heures que (*je attendre*); les longues journées qu'ils (*marcher*).

B. Ajouter un sujet aux verbes suivants, et les mettre à l'indicat. prés. :

Déferler, mugir, empirer, coasser, atteler, dégainer, becqueter, décréter, déblayer, côtoyer, harceler, étinceler, croasser, bourreler, ciseler, assiéger, semer, absoudre.

C. Imparf. du subj., 1re p. s. :

Abréger, fuir, cueillir, moudre, savoir, coudre, pouvoir, médire, rire, atteindre, lancer, déduire.

188. *A.* Appliquer les règles et corriger, s'il y a lieu :

(Vu) du ciel, les travaux et les peines de cette vie nous paraîtront bien peu de chose ou plutôt rien. On peut tout sacrifier à l'amitié, (excepté) la conscience. (Supposé) les difficultés vaincues. Les témoins (entendu). Il veut opiniâtrément les choses qu'il a une fois (voulu). Dom Mabillon est un des plus savants qu'il y ait (eu) dans l'Ordre des Bénédictins. Pendant les troubles qu'on a (vu) éclater sous le règne de Jean le Bon, les Parisiens (*imaginer*, pas. ind.) d'adopter comme signe de ralliement un chaperon (mi-parti) de blanc et de rouge. Les fables de La Fontaine se distinguent par une naïveté, une bonhomie (inimitable). D'où (*venir*, prés.) l'indifférence ou le mépris de certains hommes pour la religion, si ce n'est du peu de connaissance qu'ils en (*acquérir*, pas. ind.) dans le jeune âge ?

B. Mettre au pas. ind. :

Les promesses qu'ils se font ; ils se font cultivateurs ; ils se font illusion ; les gages qu'ils se donnent ; ils se donnent la main ; les félicitations que vous vous adressez ; nous nous adressons des félicitations ; ils s'abstiennent du vote ; ils s'arrogent des droits exorbitants ; les droits qu'ils s'arrogent ; elles se plaisent, se nuisent, se taisent, se conviennent, se plaignent, se rient, s'en vont, s'échappent, se parlent, se lamentent, s'imaginent, se pourvoient, se laissent faire. Les dix heures qu'il dormir ; les mensonges qu'elle avoir l'audace de raconter ; les périls que nous courir ; les quatre-vingts kilos qu'il peser ; les ballots qu'il peser ;

ils sont plus riches que vous ne le croire ; les avantages que je prévois que vous en retireriez ; les amis que je convaincre que j'étais innocent ; les efforts que je croire que vous tenteriez ; les livres que je vous conseiller de lire. Les fautes que vous (*laisser*, pas ind.) commettre, — échapper. Ils (*se tenir*, pas. ind.) la main, — par la main.

189. *A.* Dire, en formant des propositions, de quoi chacun des êtres suivants est le symbole ou l'emblème :

L'agneau. Le lion. Le tigre. Le chien. Le chat. Le paon. L'abeille. La tortue. Le renard. Le lièvre. Le loup. Le papillon. L'âne. Le serpent. Le chêne. Le cyprès. La pie. La fourmi. Le coq. Le lis. L'olivier. Le laurier. Le lis. La violette.

B. **Participe passé.** (Récapitulation.) Compléter les phrases suivantes :

Le courage, l'intrépidité (étonnant) qu'ont (montré) nos soldats... — Les martyrs, que (n'effrayer, pas. ind.) ni la séduction, ni la menace, ni les supplices (même)... — Les statues (demi) drapées que vous avez (vu) sculpter... — Les enfants que vous avez (vu) courir (nu) jambes et tête (nu)... — Les trois heures et (demi) qui se sont (écoulé)... — Les (album) que je vous ai (expédié franc de port) donnent les vues (le *ou* les) plus exactes (possible). (Ci-joint) les récits et les descriptions que vous m'avez (demandé). Les (nouveau marié) que j'ai (rencontré)... — Les mantes (jonquille) et les robes (tout) laine que vous avez (acheté)... — Les 90 (en lettres) francs que vous lui avez (prêté)... — Les trois (mille) qu'il a (parcouru)... — Les 300 (en lettres) Spartiates qui se sont (vu) accabler par les traits des Perses... — Les cerises (aigre-doux) que nous avons (mangé)... — (Quelque) efforts que nous ayons (fait)... — (Tout) admirable, (tout) grandiose qu'est l'entreprise qu'ils ont (résolu) d'exécuter... — Admirez cette multitude d'étoiles que la main du Créateur a (semé) dans les espaces.

190. *A. Complément du nom.* (Le mettre au pluriel, s'il y a lieu) :

Sauter à pied joint. Passer à pied sec. Liasse de papier. Amas / Table } de pierre, chaîne / chemin } de montagne, nid / œufs } de merle, gâteau d'amande, jus de pomme, guirlande de laurier, marchande de poisson de mer.

B. **Participe passé.** (Récapitulation.) Compléter les phrases suivantes :

Les (feu aïeul) que j'ai (pleuré) si souvent... — Les (ail) que j'ai (vu) planter... — Les (œil) que j'ai (vu) s'humecter de larmes... — Les (ciel) que j'ai (vu) peindre... — L'aide que vous ont (procuré) vos amis... — Les aigles que nous avons (vu) planer... — (Quel) délices m'ont (fait) éprouver les orgues (majestueux) que j'ai (entendu) ! — L'hymne (national) que vous avez (entendu) chanter... — Les trois couples d'œufs que vous avez (trouvé) dans ce nid... — Les (excellent) gens que nous avons (rencontré)... — Que de braves gens se sont (présenté) ! — Que de (Condé) et de (Turenne) le génie de Napoléon n'a-t-il pas (fait) surgir ! — Les trois (Racine) et les deux (Molière) que vous avez (donné) l'ordre de m'envoyer... — Les (Bourbon) se sont (vu) persécuter maintes fois. Les (Duguay-Trouin) et les (Jean Bart), que vous avez (entendu) nommer tant de fois... — La foule des curieux que vous avez (aperçu)... — Une foule de curieux s'y (donner, pl.-q.-p.) rendez-vous. — La bande de canards sauvages (s'envoler, pas. ind.) — La forêt de (chêne) que nous avons (traversé)... — Les pluies (d'orage) qui (se succéder, pas. ind.)... — Ma sœur est malade ; c'est hier que je l'ai (trouvé) (le *ou* la) plus souffrante. — Les belles (et les) bonnes poires qu'on nous a (offert)... — L'avoine et le seigle (jaunissant) que nous avons (admiré)... — Le bien ou le mal que vous aurez (fait)...

§ VII. — RÉCAPITULATION DES MOTS INVARIABLES

191. *A.* Grouper d'après leur nature les mots invariables suivants :

Je le trouve toujours aussi opiniâtre dans ses idées : aussi ai-je renoncé à le convaincre de son erreur. Si légitimes que soient vos espérances, gardez-vous de vous décourager si elles ne se réalisent pas. Par ce que j'ai vu, il m'a été facile de constater que... — Oh ! que de gens ignorent les délices d'une conscience pure ! O France, ô ma patrie bien-aimée, à toi mon amour, à toi tout le sang de mes veines ! Toutes fraîches cueillies qu'elles sont, ces roses ne sentent pas bon. Ah ! qu'il sera terrible le jour du jugement ! Quant à moi, je ne suis pas aussi rassuré que vous sur l'issue de cette affaire.

B. **Ne, pas, point, que, et, ni, ainsi que, non plus que, plus, davantage, par ce que, parce que, plutôt, plus tôt, entre, parmi, près de, prêt à :**

A Waterloo les grenadiers de la garde se firent tuer jusqu'au dernier... que de se rendre. — Le printemps fleurit... en Bretagne qu'à Paris. — ... l'on voit encore du Colisée l'on peut juger des proportions (épith.) de ce monument. — ... Moïse s'était permis de douter, il ne put entrer dans la Terre promise. — Les Romains n'oubliaient... les services... les injures. — Toute nation est faible, à moins qu'elle ... soit unie. — Le temps... s'arrête ... un seul instant ; ... en perdez donc ... la moindre parcelle. — Cet enfant est toujours ... rendre service. — ... parlez ... autrement que vous ... pensez. — ... ennemis de Rome il ... y en eut ... de plus terrible ... de plus implacable qu'Annibal. — ... mentez..., même en plaisantant. — ... partez ... ... je ... vous aie vu. Le tigre ... l'hyène ne (pouvoir, prés.) s'apprivoiser. — Appliquez-vous..., — ... que votre camarade, et vous réussirez. — Si j'avais connu votre arrivée et ... j'eusse pu vous voir, j'aurais dissipé ce malentendu. — ... disparaître dans les eaux glacées de la Bérésina, nos soldats criaient encore : Vive l'Empereur ! *Quelle différence entre* prenez garde qu'on ne se moque de vous, *et* prenez garde qu'on se moque de vous ?

... deux maux il faut choisir le moindre. Le temps,... un fleuve impétueux, emporte tout dans son cours rapide. Peu de chose nous console... peu de chose nous afflige. Un mauvais penchant n'est pas... satisfait que le remords nous déchire.

192. *A.* **Analyser** les mots en italique :

Le maître *que* je sers est infiniment généreux. C'est une *lâcheté que* de mentir. Je n'estime *que* la vertu. *Que* sert-il de gagner l'univers si l'on vient à perdre son âme ? *Que* sont devenus les Voltaire et les Renan, ces *insulteurs* du Christ ? *Que* pensent-ils maintenant de leur œuvre ? Le jour *que* je vous vis. Les trois années *qu*'il a régné. Les saints contemplent Dieu tel *qu*'il est. Je désire *que* vous veniez. Il est venu plus tôt *que* vous ne pensiez. C'est aux cœurs purs *que* le ciel est promis. Rien n'est plus beau *que* le vrai. *Autre* est promettre, autre est *tenir*.

B. Corriger, s'il y a lieu :

Il est autre qu'il paraît. On se voit d'un autre œil qu'on voit son prochain. Il n'est pas autre qu'il ne paraît.

Je ne conteste pas que vos intentions soient excellentes, mais je conteste que vos actes ne soient irrépréhensibles. Ayez pitié de moi, vous au moins qui êtes mes amis. Si vous ne pouvez donner votre bourse, donnez du moins votre cœur. Prenez garde que tout ne soit prêt. Je crains qu'il soit parti. Prenez mon cheval : il ne me servirait de rien aujourd'hui. A force de se négliger, il a oublié à calculer. Quand un homme est dans la faveur, tout le monde l'applaudit. La lionne produit, comme la tigresse, quatre à cinq petits. Nous déjeunons avec du café. Ne laissez pas la clef après la porte. Il faut être juste vis-à-vis de tout le monde. Guerrier renommé pour sa bravoure. Contrée renommée par ses bons vins. Vous croyez le témoignage des hommes, croyez donc aussi celui de Dieu. Il partira malgré qu'il soit malade. Il aime à lire et écrire. C'est là où je demeure. Je préfère plutôt rester.

193. *A.* **Emploi de la négation.** Mettre la négation et corriger, s'il y a lieu :

La poésie est plus naturelle à l'homme qu'on le pense. Il n'y a pas à craindre que la lumière du soleil s'éteigne bientôt. La joie de donner est bien plus douce que l'est celle de recevoir. Notre amour-propre empêche que nous (*voir*) nos défauts. La lune est plus rapprochée de la terre que l'est le soleil. Prenez garde que toutes vos actions soient faites pour Dieu. Ne parlez jamais autrement que vous pensez. La pluie empêcha qu'on se promenât dans les jardins (Racine). Je doute..., je ne doute pas que vous (*réussir*, prés.). Je crains..., je ne crains pas qu'il (*réussir*, prés.). Relisez toujours votre devoir, de peur que vous (*y laisser*, prés.) quelque faute.

B. Achever les phrases suivantes, en indiquant entre parenthèses la nature de la proposition ajoutée :

Dieu veut que... Ce qu'on vous demande, ce n'est pas le succès, mais... N'attendez rien de cet enfant, parce que... Il faut préférer... aux richeses, parce que... Vous serez véritablement heureux si... Quelle que soit la violence de la tentation,... Fuyez les méchants, de peur que...

C. **A, en, dans, ou ; autrefois, autre fois ; quoi que, quoique ; tout à coup, tout d'un coup ; de suite, tout de suite :**

Jérusalem tomba ... mains des infidèles. — On avait envoyé cinq ... six hommes en reconnaissance. — Dieu a créé le monde ... six jours. — La distance qui sépare les deux hameaux est de cinq ... six lieues. — On croyait ... que la terre (être) immobile. — Une ... vous serez plus circonspect. — Nous partirons ... deux ou trois jours. — L'ennemi est ... ville. — Mon oncle est ... ville. — ... il doive vous en coûter, corrigez-vous de vos défauts. — ... un vent violent s'éleva et fit chavirer les barques des pêcheurs. — D'... il faisait plusieurs plans et s'empressait ensuite de les détruire. — Achetez-moi trois ... quatre kilos de sucre. — Dieu ne cesse de nous combler de ses bienfaits, ... nous en abusions. — Donner ..., c'est donner deux fois. — On a vu des joueurs perdre leur fortune ...

194. *A.* **Hors, dehors ; autour, alentour ; avant, devant, auparavant ; voici, voilà ; à travers, au travers ; si, aussi ; tant, autant :**

Cette personne est ... charitable qu'on la voit presque toujours ... des malades. — Comprendre vite, sentir vivement et s'exprimer avec facilité, ... l'esprit français. — ... trois médecins qui ne se trompent pas : gaîté, doux exercice et modeste repas. — Ces jeunes gens sont ... modestes que capables. — Aller ... champs ; se faire jour ... ennemis. — ... venir le printemps. — Ils sont logés ... la ville. — Le papillon voltige ... des fleurs. — Elle est sans reproche ... Dieu et ... les hommes (Bossuet). — Il faudrait mettre les histoires générales ... les histoires particulières. (*Acad.*) — On ne voyait le soleil qu'... brouillard. — ... intrépide que son maître, le cheval voit le péril et l'affronte (Buffon). — Il est ... à plaindre que vous. Rien n'empêche ... d'être naturel que l'envie de le paraître (La Rochefoucauld). Rien n'est ... important à l'homme que son état (Pascal). — Il se signale par son équité... que par ses victoires. — Ne pouvant pénétrer dans la bergerie, le loup rôdait ... — Ces personnes marchaient ... nous ; aussi sont-elles arrivées ... nous. — Ne vous hâtez pas de prendre un parti ; réfléchissez ...

B. Corriger, s'il y a lieu :

C'est par ce que certains gens disent que l'on juge du prix du silence. Il a acheté sept à huit chevaux. Ne souffrez pas chez vous la paresse et la négligence. Il donne chaque année plus que dix mille francs aux pauvres. Connaissez-vous la fable du Renard et de la Cigogne? Entre les plus illustres capitaines on cite Condé et Turenne. Les animaux n'inventent et ne perfectionnent rien. Les orgueilleux ainsi que les avares n'entreront point dans le royaume des cieux. Il a eu très froid. Cet appartement ne nous est point convenu : on y est si à l'étroit ! Ce n'est pas les hommes, mais Dieu qu'il faut craindre. Je ne doute pas que vous ayez agi avec les meilleures intentions. Comment les temps sont changés ? Savez-vous comment la chose s'est passée ? Et quand au berger, l'on peut dire qu'il était digne de tous maux. Cet enfant est sincère : fiez-vous-y. Il jouit plus tôt qu'il possède. Il s'agite pour fuir la mort qui le saisit, ou au moins pour se fuir soi-même. L'ennemi incendia les maisons qui étaient proches de la ville. Il a demandé après vous. Il jouit d'une mauvaise réputation.

C.

affirmat. :	C'est	moi	qui	se convaincre (prés.),	s'enquérir (fut. s.).
négat. :	—	toi	—	tressaillir (prés.),	payer (fut. s.).
interrog :	—	—	—	concourir (fut. s.),	s'en aller (cond. pas.).
interr. nég. :	—	—	—	recueillir (imparf.),	cacheter (fut. s.).
affirmat. :	—	—	—	s'arroger (pas. ind.),	niveler (fut. s.).
négat. :	—	—	—	s'en aller (pas. ind.),	déchoir (cond. pr.).
interrog. :	—	vous et moi	—	se parler (pl.-q.-p. ind.),	avouer (imp. ind.).

TROISIÈME PARTIE

RÉCAPITULATION GÉNÉRALE

195. *A*. Pas. ind., 3e pers. plur. féminin, de :

Se taire, se déplaire, se plaindre, s'arroger, se parler, se complaire, se voir mourir, se sentir défaillir, se voir arrêter, se succéder, se croire discret, s'imaginer.

B. Famille de mots de :

Mont, pose, vie, croître, grand, arme.

C. **Le Printemps.**

Champs [1] et forêts [2], le sol tressaille ;
Tout dit : « Le printemps [3] est venu ! »
Et *sous* la *terre* qui s'émaille [4]
Circule un *fluide* inconnu.

Tout vit, tout pousse, tout verdoie,
Tout se renouvelle en *tout* lieu ;
Pour remettre la terre en joie,
Il suffit d'un *souffle* de Dieu.
(E. MANUEL.)

Fonction des mots en italique.
1. 2. 3. Adjectifs dérivés de ces noms. — 4. Sens.

196. *A.* **Voyage au désert.**

Mettre au pluriel :

(Se figurer, impér. 2e pers.) une immense plaine couverte de sables (*mouvant*), brûlée par les (ardeurs, synon.) de l'été, d'un aspect rougeâtre, d'une nudité ainsi que d'une monotonie (affreux). (*Quelque*) *efforts* que je (faire) pour découvrir un lieu de repos, mon œil n'apercevait dans l'arène sans (limite, synon.) *que* (quelque) rares (nopal) *dont* le vent ébranlait à peine les (rameau) couverts d'épines (remplacer par un seul mot). Les longues étapes que j'(avoir, pl.-q.-p.), à parcourir durant les cinq jours *que* je (marcher, pl.-q.-p.) et le peu de nourriture que je (prendre, pl.-q.-p.), (me réduire, pl.-q.-p.) à un tel état de faiblesse qu'il me semblait que jamais je n'(arriver) au *terme* de mon *voyage*.

Mais (tout à coup *ou* tout d'un coup) je (sentir, pas. déf.) renaître mes *forces* en apercevant dans le lointain (un) oasis qui m'apparaissait comme un *îlot* de verdure au milieu d'un océan de sable. Des troupeaux de (gazelle) *que* je (voir, pl.-q.-p.) devant moi, m'avaient conduit en droite ligne vers ce lieu de repos après lequel je soupirais depuis si longtemps.

Fonction des mots en italique. — Analyser les propositions de la 2e et de la 3e phrase.

B. Diminutifs des mots suivants :

Animal, goutte, globe, fleur, fil, chambre, lance, mouche, peau, rue, solive, partie, coq, souris, chèvre, pigeon, cascade.

C. Noms avec suffixe en *eur* dérivés de :

Construire, fossé, oiseau, couvrir, lire, coopérer, protéger, aimer, séduire, succéder, tester, diriger, accuser.

D. **Le vieillard et les trois jeunes hommes.**

Un octogénaire[1] plantait.
« Passe encor de bâtir[2] : mais planter à cet âge !
Disaient trois jouvenceaux[3], enfants[4] du voisinage

Assurément il radotait.
Car, au nom des dieux, je vous prie,
Quel[5] fruit[6] de ce labeur[7] pouvez-vous[8] recueillir?
Autant qu'un patriarche[9] il vous faudrait vieillir.
A quoi bon[10] charger votre vie
Des soins d'un avenir qui n'est pas fait pour vous?
Ne songez désormais qu'[11] à vos erreurs passées;
Quittez le long espoir et les vastes pensées;
Tout[12] cela ne convient qu'[13] à nous. »

1. Qu'est-ce qu'un octogénaire? Comment appelle-t-on celui qui a 60, 70, 100 ans? — 2. Sens et fonction. — 3. Fonction et synonyme. — 4. 5. 6. 7. Fonction. — 8. Pourquoi l'inversion? — 9. Dans quels autres cas le sujet se met-il après le verbe? — 10. Sens. — 11. 12. 13. Nature et fonction.

197. *A.* Former des expressions ou des propositions où les infinitifs *travailler, prier, espérer, souffrir* soient successivement sujets, attributs, compl. déterm. et compl. directs.

B. **Voyage au désert** (*suite*).

Mettre au pluriel :

Hélas! (s'attendre, pl.-q.-p.) à (tout) autre chose : au lieu d'une source fraîche et (claire, synon.) *que* je (espérer, pl.-q.-p.) voir sourdre au milieu de dattiers chargés de (fruit), je *n'y* trouvai qu'un peu d'eau saumâtre et (infect) autour de laquelle (voltiger, imparf.) une *nuée* d'insectes assez semblables à *des* moustiques. (Quelque) *grande* que (être) ma déception, je ranimai mon courage et je continuai ma route avec une ardeur (*tout*) nouvelle. Après trois jours et (demi) de marche pénible, j'arrivai enfin au pied d'une chaîne de (montagne) *dont* les ramifications encadraient *des* vallées aussi (riant) que fertiles. (Arriver, pl.-q.-p.) au terme de mon voyage. *Vous dire* la joie qui éclata sur toutes les (figures, synon.) est *chose* impossible. Cette satisfaction (rendre, imp. passif) encore plus *douce* par le souvenir des dangers que je (courir, pl.-q.-p.) et des fatigues que je (avoir, pl.-q.-p.) à endurer.

Fonction des mots en italique.

C. Mettre au féminin :

Cheval fourbu et bégu, le peuple (*la nation*) franc, discours (*conversation*) franc, pécheur absous, compagnon jovial, perroquet babillard, ogre, vengeur.

D. Compléter par le mot convenable :

Hymne, couple, foudre, orge, Pâques : — (fleuri) ;

— (*national*) ; — (*perlé, mondé*) ; (*quels beaux*) — que (*ceux*) de saint Thomas ! — est (*semé*) au printemps ; un grand tonneau s'appelle (*un*) — ; — foudre produit des effets terribles. La France a eu de (*nombreux*) — de guerre. (*Un*) — d'œufs ; (*un*) — d'amis ; (*un*) — de perdreaux. (*Quelque chose, personne*) : C'est — d'(*émouvant*) que le départ des missionnaires : — n'y reste (*indifférent*). — que (*dire*, pl.-q.-p.) Vercingétorix, il ne put fléchir César. Dieu subsiste en trois — (*distinct*). — n'est arrivé. Ils n'ont pas trouvé (*grand*) chose.

E. Adjectifs dérivés des mots suivants :

Fatigue, honneur, chaux, tribut, étoile, printemps, soleil, jour, heure, ami, moine, abbé, fleuve, président, roi, maître, face, bile, meuble, chirurgie, venin, matin, soie, lac.

D. **La charité.**

Donnez : ce plaisir pur, ineffable, céleste,
Est le plus *beau* de *tous*, le seul *dont* il nous reste
Un *charme* consolant que rien ne doit flétrir.
L'âme trouve en lui seul la paix et l'espérance ;
Donnez : *il* est si *doux* de *rêver* en silence
Aux larmes qu'on a (pu) tarir !
Donnez : et quand viendra cette *heure* où la pensée
Sous le *froid* de la mort languit (tout) *oppressée*,
Le frisson de la mort sera moins douloureux ;
Et quand vous paraîtrez devant le Juge austère,
Vous direz : « J'ai connu la pitié de la terre,
Je puis la demander aux cieux ! »

(E. TURQUETY.)

Analyser grammaticalement les mots en italique et logiquement les vers 7, 8 et 9.

198. *A*. Appliquer les règles concernant les mots en italique. — Verbes au passé ind. ou au passé du subj. :

Les aigles *romain;* les *vieux* gens ; *quel* gens ! *quel brave* gens ! de *grand* délices ; *un* couple de fripons ; c'est hier matin que votre tante a été *le plus* malade ; les enfants *même* se font remarquer ; les enfants *même* les mieux doués ; les *Guise;* de *beau* orgues, orges ; cette personne vient ; personne ne vient ; *nu* tête, pieds *nu;* des *demi* mesures ; *approuvé* la traduction *ci-joint;* la *feu* princesse ; ces cas *excepté ; passé* ces trois semaines ; *quelque* pouvoir être votre talent ou votre expérience, *quelque* ressources que vous sachiez vous ménager... ; *quoique* ils disent, on ne les écoute pas ;

les froids qu'il y a ; les récompenses que j'obtiens, — que j'espère obtenir ; les entreprises que je vois tenter, — échouer ; le peu de nourriture qu'il prend le ranime ; — il ne *le* ou *la* digère pas. *Quelque* bons soldats que fussent les 60.000 Prussiens que nous avons *eu* à combattre à Auerstædt, ils ne purent résister au choc des 26.000 hommes de Davout. *Vu* les demandes réitérées que vous m'(adresser) ou (faire adresser), je vous envoie *franc de port* les *Homère* que vous me (demander), y *compris* la collection des œuvres de Platon. Ces ouvrages vous paraîtront peut-être *cher*, mais la facture *ci-inclus* vous montrera que je les ai *acheté* encore plus *cher*.

B.

Le *soir* de Roncevaux, *sous l'ombre* des grands arbres,
Aux *coups dont* son épée avait taillé les marbres
Je reconnus Roland ; je *le* pris dans mes *bras,*
Jurant de le pleurer tous mes *jours* d'ici-bas ;
Puis, dans l'*herbe* du val de *sang toute* trempée
Autour du héros mort je cherchai son épée ;
Je ne la trouvai point, et *ce* fut un grand *deuil,*
Car il avait toujours témoigné cet orgueil
De *vouloir* au *tombeau* dormir à côté d'elle ;
Il fallut la *laisser* aux mains de l'infidèle.

(H. DE BORNIER.)

Fonction des mots en italique.

C. Fémin. de :

Préfix, ammoniac, idiot, enchanteur, dévot, inventeur, manchot, professeur, artisan, rédacteur, pêcheur.

D. Pluriel de :

Couvre-pied, coupe-gorge, tire-bouchon, avant-garde, pot-au-feu, oiseau-mouche, porc-épic, ex-voto, errata, mémento, lazarone, guet-apens, ayant droit, serre-frein.

199. *A.* Ajouter à chacun des noms suivants une épithète dont la terminaison varie au féminin :

Hydre, panacée, camée, nacre, orbite, sandaraque, mousson, épigramme, ancre, antre, ambages, argile, arrhes, campanile, augure, effluve, hémisphère, planisphère, ovale, parafe, ulcère.

B. Indic. imparf., 1re p. pl. :

Récréer, vêtir, croire, luire, rire, prédire, arguer, avouer.

C. Le grand volcan d'Hawaï.

Pour peu que vous (*étudier*) la nature, vous vous convaincrez qu'il n'est rien qui (*concourir*) plus puissamment à nous donner une haute idée du Créateur que les merveilles [1] qui s'y (*révéler*) à chaque pas et qui (*refléter*) si bien les perfections [2] divines. Comment se peut[3]-il que (*certain*) gens restent (*froid*)[4] et (*indifférent*) en présence de ce spectacle ? Combien n'en (*voit-on*, pas. ind.) pas s'y arrêter à peine en passant, tandis qu'ils (*être*) (*tout*) yeux, (*tout*) admiration pour les (*chef-d'œuvre*) des hommes, qui ont le plus souvent coûté bien (*cher*) et qui ne sont qu'une (au plur.) grossière contrefaçon des œuvres de Dieu !

Parmi les spectacles que la nature (*se plaire*, pas. ind.) à étaler à nos regards, les montagnes ont toujours été mes délices (*préféré*). Au milieu de leurs sites (épith. dérivée de *grand*), l'âme, aussi bien que le corps, (*se refaire*, prés.) une vigueur (*tout*) nouvelle.

Mais (*quelque*) excursions [5] que je (*tenter*, au passé), (*quelque*) (*être*, prés.) les impressions [6] et les souvenirs qu'elles me (*laisser*, pas. ind.), aucune ne saurait être comparée à celle que j'(*avoir*, pas. ind.) la rare fortune de faire, avec deux de mes amis, au Maouna-Loa, le grand volcan d'Hawaï.

Vu les inconvénients qu'il y (*avoir*, cond. pas.) à nous embarrasser de montures, nous (*se décider*, pl.-q.- p.) à faire l'ascension (*tout*) entière à (*pied*), ce qui n'était pas sans offrir (*quelque*) difficultés [7], de réels dangers (*même*). Mais (*quoique* ou *quoi que*) il (*devoir*) nous en coûter, nous (*se faire tort*, pl.-q.-p.) d'exécuter ce [8] que [9] d'autres (*s'obstiner*, pl.-q.-p.) à regarder comme impossible [10].

Il n'y avait pas de temps à perdre : nous (*arriver*, pl.-q.-p.) à la (*mi*) novembre. (*Passé*) cette époque, les pluies rendraient les chemins impraticables [11], et déjà il en (*tomber*, pl.-q.-p.) à plusieurs reprises.

Après (*se procurer*, au passé) le plus de renseignements (*possible*) auprès des habitants (*même*) du pays, nous prîmes congé de nos hôtes et nous nous mîmes en route en recommandant à Dieu le succès de notre petite expédition.

Analyse logique de la 1re phrase. — 1. Fonction. — 2. Trois mots de la même famille. — 3. Remplacer cette expression par une autre. — Quel est le vrai sujet de ce verbe ? — 4. Fonction. — 5. 6. Cinq mots de la même famille. — 7. Deux adjectifs de la même famille. — 8. 9. 10. Fonction. — 11. Trois mots de la même famille.

D. Fut. s. :

Je morceler, tu abréger, il déployer, nous accourir, vous bouillir, ils s'enquérir.

Fut. ant. :

Je frire, tu se mouvoir, elle se taire, nous se ceindre, vous absoudre, ils ne pas naître.

E. Remplacer les mots en italique par leurs contraires :

Ce devoir est *meilleur* que le vôtre. Cet élève va de *mal* en *pis*. Son *moindre* défaut est de trop parler. C'est le *pire* de tous les métiers.

200. *A*. **L'emploi du temps.**

Comme [1] la bienfaisante [2] pluie
Féconde [3] la terre en été,
Dieu fit, pour féconder la vie,
Le travail et l'activité.
Ne laissons point [4] d'heure inutile ;
Songeons à la paille stérile
Que [5] foule le pied du glaneur.
Puissent s'amasser nos journées [6]
Comme les gerbes [7] moissonnées
Dans [8] le grenier [9] du laboureur [10] !

(Mme A. TASTU.)

1. Synonyme. — 2. Nature et fonction. — 3. Espèce de proposition. — 4. Synon. de *point de*. — 5. Fonction, quelle espèce de proposition ? — 6. 7. 8. 9. 10. Fonction.

B. Transformer les noms suivants en verbes avec préfixe **dé, dés :**

Tour, pays, courage, rang, route, honneur, arme, intérêt, arçon, illusion, appoint, règle, ménage, barque, terme, membre, espoir, abus, pli, trône, raison.

C. Contraire de :

Ténèbres, amour, savant, paresseux, lettré, secourir, vertu, rassasié, limité, faux, responsable, permettre, affirmer, espérer, obligeant, adroit, intelligible, convexe, sincère.

201. *A*. **Le grand volcan d'Hawaï.** (*Suite.*)

La première partie de notre voyage offrit tous les charmes (*possible*). Quelle variété [1] de paysages [2] ! Jamais je n'en (*contempler*, pl.-q.-p.) de plus (épith.). Tantôt nous (*voir*, imp.) s'étendre devant nous des pelouses (*verdoyant*), (*tout*) émaillées de fleurs, tantôt nous traversions une majestueuse forêt de pins (épith. formée de siècle); plus loin nous (*côtoyer*) d'[3] affreux précipices bordés de rochers à pic d'une hauteur et d'un aspect (*effrayant*), (*dont* ou *d'où*) (*s'élancer*) une[4] multitude[5] de cascades, tandis que nous entendions mugir au fond de l'abîme un torrent[6] dont les eaux[7] (*écumant*) (*rejaillir*) en un nuage[8] de perles qui (*former*) mille (*arc-en-ciel*).

Mais bientôt nous fûmes (*témoin*) d'une (*tout*) autre scène. La végétation, tout à l'heure si luxuriante, (*devenir*, pl.-q.-p.) de plus en plus rare[9]. C'est à peine si nous apercevions quelques (diminutif d'arbre) (*tout*) rabougris; çà et là, des[10] bandes de gazon (*dessécher*, part. passé), des (*nopal*), des (*lichen*), des andromèdes aux feuilles (*vert pâle*), des (*béjaria*) et une sorte de (*rhododendron*) (*touffu*) aux fleurs (*rose*) ou (*orange*). Pas un animal[11], sauf (*quelque*) couples de singes de la grosseur des (*chacal*) et (*un*) aigle en quête de pâture pour ses petits.

En face de nous se dressait dans toute sa majesté le Maouna-Loa[12], avec sa cime (*tout*)[13] hérissée de pitons à (*cratère*). Son ombre (épith. dérivée de géant) (*se projeter*) comme (*un* ou *une*) immense obélisque[14], sur une mer de (*nuage*) d'une blancheur (*éblouissant*).

Il restait[15] à faire l'ascension du pic. Elle fut plus difficile que nous ne le[16] (*penser*, pl.-q.-p.). Arrivés à (*mi*) côte, nous nous vîmes engagés[17] dans un chaos de lave (*mouvant*) dont la température était assez élevée par endroits pour qu'il (*être*) impossible[18] d'y marcher[19] (*nu*) pieds[20]. Plus loin, nous eûmes à franchir un amas de roches (*aigu*) (*entassé*)[21] dans un désordre inexprimable[22] et qui (*évoquer*)[23] dans notre imagination le combat des Titans contre le ciel. La réverbération devenue de plus en plus forte nous causait des douleurs (*cuisant*) et faisait jaillir le sang de nos narines et de nos yeux (*enflammé*). Après (*se*[24] *couvrir*, infin. passé) le visage[25] de léger taffetas[26], nous continuâmes notre route et nous arrivâmes enfin au sommet (*plutôt* ou *plus tôt*) que nous ne (*l'espérer*, pl.-q.-p.).

1. Fonction. — 2. Trois mots de la même famille. — 3. 4. 5. Nature et fonction. — 6. 7. 8. Transformer ces noms en adjectifs. — 9. 10. 11. 12. 13. 14. Fonction. — 15. Quel est le sujet? — 16. 17. 18. 19. 20. Fonction. — 21. 22. 23. Etymologie. — 24. 25. 26. Fonction.

B. Pas. déf. :

Je fuir, tu moudre, il pouvoir, nous coudre, vous percevoir, ils naître.

Pas ind. :

Je s'enquérir; tu ne pas s'en aller; il ne pas mourir; nous se laisser dire, glisser, convaincre; vous ressortir; ils se dédire.

C. Ponctuer le morceau suivant :

La mort du général Walhubert.

En avant commande le *héros* A ce cri
D'un effort furieux *des bataillons* partirent
Et par un *feu* nourri [1] les Russes répondirent
Et comme [2] Walhubert joyeux caracolait
Poitrine au vent et sabre à la main un boulet
Le jeta sur le sol la cuisse fracassée
La colonne [3] d'attaque était trop bien lancée
Elle ne cessa pas pour si peu de *courir*
Mais comme des soldats venaient le secourir
L'intrépide blessé les écarta d'un signe
Et dit sévèrement Eh bien et la consigne
Qu' [4] on *me* prenne un drapeau russe pour mon linceul
Grenadiers à vos *rangs* Je peux mourir tout *seul*

(F. Coppée.)

Fonction des mots en italique. — 1. Sens. — 2. 4. Quelle espèce de proposition? — 3. Ce mot est-il pris au propre? Trouver cinq expressions avec un mot employé au figuré.

D. Corriger, s'il y a lieu :

Fruit à pépin. Il respecte et obéit à ses maîtres. Ce château n'est pas terminé, il lui manque un étage. C'est la justice et la charité qui sont les liens de la société. Quoiqu'il dise, le menteur n'est pas cru. Fruit à noyaux, à coques. Il préfère mourir que de mentir. Prairie émaillée de mille fleurs. La race unique d'où nous sommes originels. Il faut s'entr'aider mutuellement. Heureux ou malheureux, vous m'avez été fidèle. Monter en haut. Rectifiez l'erreur qui vous est échappée. Il est demeuré trois ans à Lyon. L'hiver s'approche; les oiseaux sont disparus de nos vergers et de nos bois.

202. *A.* **Le volcan d'Hawaï.** (*Suite.*)

(*Quelque*) fatigues [1] que cette ascension nous (*coûter*, pl.-q.-p.), et (*tout*) (*haletant*) qu'(*être*, imparf.) nos poitrines (*à demi*) suffoquées par les vapeurs [2] délétères [3] qui s'exhalaient de nombreuses fissures [4], le spectacle merveilleux dont nous fûmes (*témoin*) nous (*dédommager*, pas. déf.) amplement des souffrances que nous (*endurer*, pl.-q.-p.) et des dangers que nous (*courir*, pl.-q.-p.).

Un de mes vœux les plus chers était enfin réalisé : j'allais contempler un volcan en pleine [5] activité, et cela sur les bords (*même*) de son cratère. Un peu de fumée que nous (*voir*, pl.-q.-p.) s'échapper de ses flancs [6] nous (*avertir*, pl.-q.-p.) que le géant était loin d'être endormi.

(*Parce* ou *par ce*) qu'on nous (*dire*, pl.-q.-p.) et par le peu de détails que nous (*lire*, pl.-q.-p.) dans les récits des explorateurs, nous (*se faire*, pl.-q.-p.) une idée extraordinaire de ce volcan. Mais (*quoique* ou *quoi que*) nous (*s'imaginer*, pl.-q.-p.), la réalité surpassa de beaucoup notre attente.

(*Quel*) ne (*être*, pas. déf.) pas ma stupeur [7] et mon effroi [8] à la vue de cette immense fournaise située à 4.145 (en lettres) mètres d'altitude, et qui a plus de 19 (en lettres) *mille* de circonférence et (*quelque*) 280 (en lettres) mètres de profondeur! Dans ce lac de feu rayonnait une épouvantable chaleur et bouillonnaient des masses noires et liquides, semblables aux flots d'une mer tourmentée. De temps en temps [9], le long des parois, une vague plus considérable se soulevait, fendait l'écume et s'avançait lentement vers le centre en laissant à découvert une masse rouge de feu liquide. Pendant ce temps, le même phénomène se produisait du côté opposé. Au bout d'une minute et (*demi*) environ, d'immenses craquements se faisaient entendre et ébranlaient tout le sommet de la montagne. Les vagues de feu se soulevaient en une pyramide de plus de 60 pieds de haut, lançant leur écume (*brûlant*) dans toutes les directions. Puis, la plus forte l'emportait, refoulant sa rivale, et se précipitait avec fureur contre les parois volcaniques, qui se fondaient sous l'étreinte de cette effroyable chaleur et disparaissaient dans le bassin comme le sable d'une falaise [10] que l'Océan mine, sape [11] et engloutit. La vue de ce spectacle nous (*faire*, pas. ind.) penser au feu de l'enfer : du reste, (*tout*) autre comparaison (*être*, cond. pas., 2e f.) trop faible.

1. Partic. prés. et adj. verbal dérivés de ce mot. — Analyse logique de la 1re phrase. 2. Dérivés. — 3. 4. Sens. — 5. Adject. et subst. dérivés de *plein*. — 6. Verbe dérivé. — 7. Adject. de la même famille. — 8. Mots de la même famille. — 9. Reproduire la suite de ce récit en mettant les verbes au pl.-q.-p. — 10. 11. Sens.

B. Ind. prés. :

Je bouillir, tu protéger, il niveler, nous absoudre, vous médire, ils amonceler.

Indic. imparf. :

Je ouïr, tu assaillir, il guérir, nous déployer, vous contribuer, ils s'asseoir.

C. Chercher les mots de la même famille que :

Sain, bord, sourd, rive.

203. *A.* **Le volcan d'Hawaï.** (*Suite.*)

Nous (*ne pas se douter*, [1] pl.-q.-parf.) alors que (*quelque*) jours plus tard cette île serait (*témoin*) d'une des scènes [2] (*le plus* ou *les plus*) épouvantables qu'elle (*voir*, pl.-q.-p.) se produire depuis des années, des siècles (*même*), (*y compris*) la terrible catastrophe de 1825 [3]. Nous (*revenir*, pl.-q.-p.) dans le district d'Apona, et nous (*essayer*, imparf.) de confier [4] à nos carnets de voyage les souvenirs et les impressions que (*rapporter*, pl.-q.-p.) de notre excursion, quand (*tout à coup* ou *tout d'un coup*), vers 9 heures 1/2 (en lettres) du matin, nous vîmes le ciel s'obscurcir de noires [5] vapeurs. Une pluie de (*cendre*) et de (*scorie*) nous (*plonger*, pas déf.) dans d'épaisses ténèbres. En même temps des [6] grondements souterrains (*se faire*, pl.-q.-p.) entendre, semblables au tumulte des vagues que (*soulever*, cond. pas.) de [7] violentes tempêtes [8]. A ces premiers phénomènes, terribles (*avant-coureur*) [9] d'une grande catastrophe, (*succéder*, pl.-q.-p.) le calme et le silence.

Cependant la plupart des habitants de l'île (*s'enfuir*, pl.-q.-p.) de (*leur maison*) (*à demi*) (*ruiné*), emportant chacun (*ses* ou *leurs*) biens les plus précieux. (*Excepté*) quelques vieux chefs de (*tribu*), tous avaient l'air (*affolé*) [10], tous étaient sous l'empire d'une stupeur, d'un effroi (épith. : qui ne peut se dire). Ces (*malheureux*) [11] gens, attribuant à des divinités (*vengeur*) la cause des malheurs qu'ils (*voir*, pl.-q.-p.) fondre sur eux, n'essayaient même pas de fuir, (*quoique* ou *quoi qu'*) il (*pouvoir*, imparf.) arriver. On en (*voir*, pl.-q.-p.) beaucoup s'arrêter (*tout court*) et attendre la mort dans un (épith.) désespoir.

(*Tout d'un coup* ou *tout à coup*) une explosion formidable comme celle que (*produire*, cond. pas.) cent canons (*tonnant*) à la fois, ébranle l'île (*tout*) entière. Les montagnes (*tressaillir et chanceler*, ind. prés.) sur (*leur base)*; le sol se (*soulever*, ind. prés.), s'affaisse, s'entr'-ouvre de tout côté. En même temps une avalanche de (*rocher*) (*se précipiter*, indic. pr.) des flancs du Maouna-Loa, écrasant dans sa chute, sur un parcours de près d'une (*demi*) lieue, les hommes, les animaux, les habitations (*même*).

1. Analyser les proposit. de cette phrase. — 2. Homonymes. — 3. 4. Fonction. — 5. Trouver une expression avec le mot *noir* au figuré. — 6. 7. Nature et fonction. — 8. 9. Fonction. — 10. 11. Étymologie.

B. Former des expressions ou des propositions où les mots suivants soient employés : 1° au propre ; 2° au figuré :

Torrent, printemps, inonder, vert, roi, cadre, tonner.

C. Espèce et temps des verbes suivants :

Il se fût imaginé, il fut reçu, il s'était réjoui, qu'ils soient aimés, il se sera plaint, s'être aimé, être flatté, être né, étant félicité, étant mort, ayant été craint.

204. *A*. **Le volcan d'Hawaï.** (*Suite.*)

Ce n' (*être*, imparf. de l'ind.) là que le prélude [1]. Après des commotions [2] et des grondements (*réitéré*), le sommet du volcan s'éclaira de lueurs [3] sinistres. Au même instant [4] une immense gerbe [5] de (*feu*) ainsi qu'une nouvelle avalanche de (*rocher*) en fusion (*s'en échapper*, pas. déf.) avec un bruit, un fracas (*horrible*). Puis on vit se former des torrents de lave (*descendant*) des bords (*même*) du cratère ou (*jaillissant*) en immenses nappes des crevasses qui (*se produire*, pl.-q.-p.) à (*mi*) côte, dans les flancs [6] de la montagne.

Ce fleuve de feu et de (*pierre*) parcourut une distance de (*quelque*) [7] (80, en lettres) kilomètres, sur une hauteur de deux lieues et (*demi*), (*saisir et figer*, part. prés. ou adj. verb.) dans ses vagues (*brûlant*) tout [8] ce [9] qui se trouvait sur son passage. Quantité de troupeaux avec leurs gardiens (*se voir*, pl.-q.-p.) gagner de vitesse et (*engloutir*, pl.-q.-p. passif) par le torrent de (*lave*).

(*Quelque*) [10] courte que [11] (*être*, imparf.) cette horrible scène, le peu d'instants [12] qu'elle (*durer*, pas. ind.) (*suffire*) pour accumuler le plus de désastres (*possible*). Dans toute la région [13] voisine du volcan il ne (*rester*, pl.-q.-p.) aucune trace [14] de végétation ou de vie. (*C'être*, imp.) partout la ruine, la dévastation, la mort. On (*dire*, cond. pas., 2° f.) que [15] la justice divine (*se plaire*, pl.-q.-p.) à donner aux habitants de l'île une grande et *une* terrible leçon, en mettant sous leurs yeux comme une image en (*raccourci*) de la fin du monde.

1. 2. Sens. — 3. 4. Fonction. — 5. Ce mot est-il pris au propre ou au figuré? — 6. Dérivé de flanc. — 7. 8. 9. 10. 11. 12. 13. 14. Fonction. — 15. Espèce de proposition.

B. **La prière du dimanche.**

Notre Père [1] des cieux, père [2] de tout le monde,
De vos petits enfants [3] c'est vous [4] qui prenez soin;
Mais à tant de bontés [5] vous voulez qu'on réponde [6],
Et qu'on demande aussi dans une foi profonde
Les choses dont [7] on a besoin.

(Mme A. Tastu.)

1. 2. 3. 4. 5. Fonction de ces mots. — 6. Quelle espèce de proposition? — 7. Fonction, quelle espèce de proposition?

C. Employer les verbes suivants : *a*) activement, à la 2e p. du pas. déf.; *b*) passivement, à la 3e p. pl. de l'imp. de l'ind.; *c*) pronominalement, à la 3e pers. plur. du cond. pas. 2e f. :

Convaincre, mouvoir, apercevoir, connaître, battre, revêtir, fuir.

205. *A.* Mettre au pluriel :

Festival, poitrail, rondeau, sarrau, essieu, serval, mes deux (aïeul), œil-de-tigre, ciel de carrière, lavabo, déficit, spécimen, Amen, les deux (Pline), les deux (Amérique), trois (Molière), les (Guise), délice divin, orgue neuf, cheveu châtain, étoffe (marron), nouveau venu, œil bleu foncé, (mi) jambes, (nu) jambes, (demi) mesure ; (approuvé) les demandes (ci-joint) ; feu mon oncle ; (quelque) cent de plumes.

Ecrire les nombres en lettres : (Quelque) 300 francs ; le 25 août 1896, à 3 h. 1/2 ; en 1080 av. J.-C.

Mettre au féminin : Pâlot, replet, dissous, béni, turc, coi, malin, sourd-muet, nouveau-né.

B. Faire accorder :

Hymnes (national), délices (raffiné), orgues (puissant), orge (perlé), orge (mûr), Pâques (tardif), aigles (romain) ; (quelque) grands peintres qu'ils (se croire, pas. du subj.) ; (tout) ridicule qu'(être) leur présomption ; (passé) ces délais ; trois hommes (excepté).

C. Ind. prés.	*Cond. passé.*	*Subj. prés.*
Je assaillir,	se taire,	rire, mouvoir, se méprendre.
Tu rompre,	s'en aller,	côtoyer, s'essayer, pourvoir.
Il échoir,	se revêtir,	exclure, discourir, s'enquérir.
Nous haïr,	s'enfuir,	sourire, avouer, ployer.
Vous ployer,	s'asseoir,	émouvoir, renvoyer, gréer.
Ils épousseter,	s'amonceler.	se départir, encourir, bouillir.

206. *A*. Former avec les mots suivants des composés avec le préfixe *in*, et mettre dans un premier groupe ceux où *in* marque le contraire, et dans le second, ceux où il signifie mouvement vers, sur, etc. :

Légal, responsable, migration, porter, remède, mortel, planter, pression, légitime, poser, actif, augurer, lettre, flamme, carnation, logique, mémoire, mangeable, — culpa, cubare, barba, radius, rigare, ruptum (*rumpo*), mersum (*mergo*), spirare, sapidus (*qui a de la saveur*), æquus (*juste*), humus (*terre*).

B. Donner un complément déterminatif aux noms suivants :

Pampre, grève, aire, azur, faîte, astre, impétuosité, calme, troncs, peaux, sacs, confiture, jeux, têtes, forêt, monceau, gens, cents, marchand, natte.

C. **La mer.**

De l'*infini* sublime *image*,
De *flots* en flots l'œil emporté
Te suit en vain de plage [1] en plage !
L'esprit cherche en vain ton rivage,
Comme [2] *ceux* de l'*éternité*.

(A. LAMARTINE.)

Fonction des mots en italique. — 1. Synonyme. — 2. Quelle espèce de proposition ?

D. Pas. déf., 2e p. s. :

Revoir, se pourvoir, recourir, promouvoir, recouvrer, recouvrir, cacheter, conclure, méconnaître.

207. *A*. **L'ambassadeur de Philippe II.**

En [1] l'an [2] 1586 [3] (en toutes lettres), Philippe II [4], roi [5] d'Espagne [6], envoya comme ambassadeur [7] à Constantinople [8] le jeune connétable [9] de Castille, pour féliciter [10] le sultan [11] de son avènement au trône. Ce dernier, mécontent de ce qu'on lui avait envoyé un ambassadeur si [12] jeune, ne put se retenir et lui dit : « Votre roi ne pouvait-il donc pas m'envoyer un ambassadeur qui [13] (*avoir*) de la barbe ? » — « Si [14] mon souverain, répondit [15] avec dignité le jeune connétable, avait pensé que [16] le mérite consistât dans la barbe, il vous aurait envoyé un bouc, et non un gentilhomme [17] comme moi [18]. »

1. 2 3. 4. Fonction. — 5. 6. 7. Fonction. Quel cas en latin ? — 8. Quel cas en latin ? — 9. Fonction. Cas en latin. — 10. Mettre ce verbe à un mode personnel. — 11. Quel cas en latin ? — 12. Nature et fonction. — 13. 14. 15. 16. Quelle espèce de proposition ? — 17. 18. Fonction.

B. **Analyse.**

Chacun sait que *dans* le mystère des *cocons* où elles s'enferment, *des larves* informes deviennent *de* brillants *papillons*, *dont* l'existence est regardée par l'homme comme un *symbole* de résurrection.

Nature des propositions et fonction des mots en italique.

C. Impér., 2e p. sing. et plur. :

Coudre, s'émouvoir, résoudre, se revêtir, ne pas s'inquiéter, épeler, ne pas rudoyer, savoir, bouillir, se vaincre, les attendre, y venir, s'en aller, en donner.

Part. prés. :

Croire, boire, croître, fleurir, médire, tressaillir.

D. Contraire de :

Elargir, inhumer, enhardir, spacieux, utile, diligent, courageux, rapide, doux, savoureux, raide, accueillir, élever, sobre, humble, irrité, fertile.

208. *A.* **Patience de Socrate.**

Le philosophe athénien Socrate[1] était d'une humeur si égale, d'un caractère[2] si[3] impassible[4], que rien ne pouvait le troubler ni l'[5]émouvoir. Sa femme Xantippe, au contraire, avait une nature des plus irascibles[6]. Un jour que, dans un mouvement de colère, elle avait vomi contre son mari un torrent[7] d'invectives, Socrate avait conservé le plus grand calme. Cette patience ne fit que surexciter la mauvaise humeur de sa femme, qui saisit un vase d'eau sale et le répandit sur la tête de son mari. Socrate se contenta de rire et dit en s'essuyant[8] : « Je pensais bien qu'après un tel orage nous aurions de la pluie[9]. »

1. Fonction. A quel cas se mettrait-il en latin? — 2. Quel cas en latin? — 3. Sens de *si*, l'analyser. — 4. Sens de *impassible*. — 5. Analyser *l'*. — 6. Que veut dire *irascible?* — 7. *Torrent* est-il pris au propre ou au figuré? Synonyme de *invectives*. — 8. Mettre le verbe *s'essuyer* à la 2e pers. du sing. et du plur. de l'imp. de l'ind., du pl.-q.-parf. de l'ind., du condit. passé 2e forme et du subj. prés. — 9. Analyser *de la* et *pluie*.

B. Fut. s. et subj. prés., 3e p. sing. :

Entrevoir, concevoir, s'enquérir, travestir, bouillir, revêtir, courir, essuyer, tressaillir, coudoyer, recéler, projeter, étiqueter, dissoudre, prévoir.

C. Former avec les mots du premier alinéa des épithètes que vous ajouterez aux substantifs du second :

Œil, compatir, créer, règle, gloire, nez, printemps, meuble, peuple, cerveau, cœur.

Fièvre, témoin, cœur, soleil, annales, son, relations, cité, fortune, habitudes, puissance.

209. *A.* Former des expressions avec les mots suivants employés : 1° au propre, 2° au figuré :

Noir, laver, accident, trait, étroit, brûler, souffle, sel, bas, rempart.

Subj. prés., 3e p. sing. et 1re p. pl. :

Payer, rire, essuyer, travestir, envoyer, mouvoir, vouloir.

B. Appliquer les règles concernant les mots en italique :

La violette et la rose sentent *bon*. Ils se font (pas. indéf.) *fort* de braver impunément le fléau; mais leur imprudence *leur* coûtera *cher*. Les balles pleuvent *dru*, mais (plus tôt *ou* plutôt) que de lâcher *pied*, ils se font (pas. ind.) hacher *menu*. Les Indiens ornent *leur tête* de plumes. Ces Indiens ornent *leur tête* de plumes. Les abeilles bâtissent chacune (sa *ou* leur) cellule. Socrate montra jusqu'à ses derniers instants une noblesse, une grandeur d'âme *étonnant*.

C. Part. passé de :

Bénir, résoudre, dire, lire, croître, ouïr, bouillir.

Passé défini, 3e pers. du sing., de :

Ceindre, mouvoir, courir, fuir, pleuvoir.

D. Analyser les verbes suivants :

Ils sont loués, ils sont partis, ils se sont plaints, ils seraient aimés, ils eussent été abandonnés, qu'ils fussent arrivés, être loué, être devenu.

Analyser les propositions dont les verbes sont en italique :

Je crois que la vertu *est* préférable aux richesses. Savez-vous s'il *viendra?* Je doute qu'il *vienne*. Il est nécessaire que vous (*travailler*) à vous corriger de vos défauts.

210. *A.* **Exemple de patience.**

Philippe *II*, *roi* d'Espagne, avait passé *toute* la nuit à *faire des* dépêches très importantes. Après *y* avoir mis[1] les adresses, son secrétaire, pour les sécher[2] plus vite, voulut y répandre *du* sable. Soit *maladresse*, soit lassitude, il se trompa de côté, et au lieu du sablier il saisit l'encrier, *dont*[3] il répandit le contenu *sur* les *lettres*. *Tout* était à recommencer. Sans donner le moindre signe d'impatience, le roi étendit la main et dit tranquillement à son secrétaire : « Voici l'*encrier* et voici le sablier. »

1. 2. 3. Quelle espèce de proposition ? — Fonction des mots en italique.

B. Appliquer les règles et mettre les verbes au pas. ind. ou au passé du subj. :

Ces tableaux se vendent (*cher*). Les moindres que nous (*voir*) vendre s'élèvent à 500 (en lettres) francs. (*Quelque*) (*en*) soit d'ailleurs (*la* ou *leur*) valeur, nous les trouvons trop (*cher*). Les princes qui se laissent séduire par la flatterie se voient bientôt mépriser de ceux (même) qui les portent aux nues, et s'aperçoivent trop tard des dangers qu'ils courent. (*Quelque*) grands peintres qu'ils se montrent et (*quelque*) chefs-d'œuvre qu'ils (*exécuter*), ils ne se flattent pas de réussir. Les larmes que vous nous voyez verser. Les personnes que vous croyez sincères, — que vous croyez reconnaître. Les campagnes que nous parcourons sont sillonnées par des paysans à (*demi*) vêtus, (*marchant*) (*nu*) tête et pieds (*nu*), (*tout*) (*tremblant*) de froid et (*mourant*) de faim. Attiré par ce spectacle, une foule de curieux (*encombrer*, imparf.) les rues de la ville. La foule des curieux (*gêner*, imparf.) la circulation.

C. Qu'est-ce que :

Un témoin oculaire ; un peuple nomade ; de l'eau stagnante ; un bail résilié ; un caractère taciturne ; un fossile antédiluvien ; une plante exotique, vénéneuse, aromatique, médicinale ; un climat torride ; une revue bimensuelle ; une année bissextile ; un mécréant ; un palefroi ; un hémisphère ?

211. *A.* **Les deux charrues.**

Le soc d'une *charrue*, après un long repos,
S'était couvert de rouille. Il voit *passer* son *frère*,
Tout radieux, revenant des travaux :
« *Forgé* des *mêmes bras*, de semblable *matière*,
Lui dit-il, je suis *terne*, et toi, *poli*, *brillant :*
Où prends-tu cet éclat, mon *frère ?* — En *travaillant*. »
(JOLIVEAU.)

Analyser les mots en italique.

B. Complément du nom :

Homme d'*affaire*, marchand de *drap*, confiture de *prune*, haie d'*aubépine*, peintre de *talent*, jus de *citron*, panier de *citron*, tisane de *violette*, purée de *pomme* de terre, bouquet de *violette*.

C. Cond. prés., 3e pers. s. :

Grasseyer, rudoyer, bruire, assaillir, conclure, accroître, envoyer, recourir, bouillir, s'enquérir, mourir, accueillir, falloir.

Partic. prés. de :

Maudire, médire, contraindre, élire, mouvoir, pouvoir, s'asseoir, décevoir, seoir, échoir, vêtir, travestir.

Partic. passé de :

Bénir, frire, occire, refondre, vêtir, rire, dire, fleurir, lire, dissoudre, coudre, moudre, ceindre, luire, repaître, devoir, mouvoir, faillir, falloir, clore.

D. Compléter les mots suivants par le son **an**, avec l'orthographe voulue, et indiquer le genre :

T—, dys—terie, —gelure, clém—ce, t—pér—ce, insol—ce, —se, —poule, —bages, —bul—ce, —bre, am—de, —cre, —chois, —fractuosité, —gine, —glic—, —goisse, —thrax, —tenne, g—se, —che, —thropophage, —tidote, —tre, —barras, —blème, —br—chem—, ménagem—, tr—pe.

212. *A.* Appliquer les règles concernant les mots entre parenthèses et écrire les nombres en toutes lettres :

Naufrage de l'Elbe.

Cher ami,

Avant de te donner[1] les renseignements que tu me (demander, pas. ind.) sur la terrible catastrophe de l'Elbe, j'ai tenu à les avoir (les plus *ou* le plus) circonstanciés[2] et (les plus *ou* le plus) exacts (possible). (Parce *ou* par ce) que j'en avais appris[3] au premier moment, j'aurais pu te fournir immédiatement quelques-uns des détails (ci-joint) ; mais (quelque) (avide) que (être, imparf.), ta sœur et toi, de lire ce récit, j'ai cru nécessaire[4] de vérifier[5] l'exactitude des faits, (attendu) les divergences que je (voir, pl.-q.-p.) se produire dans les diverses relations qu'on en (faire, pl.-q.-p.).

Le transatlantique l'Elbe avait quitté Brême le mardi, 29 janvier[6] 1895[7], avec 185 émigrants et (quelque) 165 hommes d'équipage, environ 350 personnes en tout. Malgré la brume épaisse et froide qui couvrait la mer du Nord, le navire poursuivait (adv. dérivé de paix) sa route vers New-York, et tout le monde (présager, imparf.) une heureuse traversée.

Pendant le dîner[8], les passagers, (quelque) personnes (excepté), (se causer, pl.-q.-p.) avec une (épithète dérivée de bruit) animation. Chacun s'efforçait de faire oublier aux autres, après les (faire, au passé) taire en (lui *ou* soi-même), les regrets causés par le souvenir de la patrie, qui, malgré l'éloignement, resterait (cher) à tous les cœurs.

A 8 heures 1/2, le plus grand nombre des émigrants (se retirer, pl.-q.-p.) chacun dans (sa *ou* leur) cabine, (excepté quelque) personnes que la curiosité ou l'ennui (retenir, pl.-q.-p.) une petite (demi) heure sur le pont. Bientôt tout[9] (rentrer, pl.-p.-q.) dans le silence et chacun avait demandé au sommeil l'oubli des émotions et de la fatigue.

1. Quelle espèce de proposition ? — 2. Fonction. — 3. Analyser les propositions de cette phrase. — 4. 5. 6. 7. 8. 9. Fonction.

B. Ajouter un compl. déterm. à chacun des noms suivants :

Coassement, roucoulement, sifflement, grognement, mugissement, grondement, crépitation, clapotis, bêlement, hurlement.

C. Passé ind., 1re pers. sing., de :

S'en aller, naître, croître, vaincre, se taire.

Partic. passé de :

Repaître, coudre, médire, confire.

Il faut que vous (prés.) jouer, avouer, tuer, mouvoir, savoir. Croyez-vous qu'il (présent) rire, fuir, haïr.

213. *A.* **L'aumône.**

Donnez ; car de la *mort* l'inflexible fantôme
Ne nous laisse emporter, dans son fatal (*empire,* synon.),
  Que nos crimes et nos vertus ;
Et parmi les vertus l'aumône est la plus *belle,*
La plus belle des fleurs dont l'éclat (*brille,* synon.)
  Sur la couronne des élus.

Donnez, afin qu'ayant parcouru la carrière,
Vous puissiez sans gémir regarder en arrière,
Et trouver moins *amer* le moment de la (*mort,* synon.)
Afin de ne pas voir l'espérance bannie,
Quand vos jours passeront devant votre agonie,
  Que vous ne *les* maudissiez pas !

(REBOUL, 1796-1864.)

Fonction des mots en italique. — Analyser les propositions de la dernière strophe.

B. Lieu où se trouvent :

Les renards, les chevaux, le bétail, les moutons, les pigeons, les lapins, les oiseaux, les vers à soie, les forçats, les bêtes fauves, les soldats, les juges.

C. Composer de petites phrases où l'on fera entrer les mots suivants : 1° comme participes présents; 2° comme adjectifs verbaux :

Emouvant, brûlant, étincelant, tremblant, grelottant, mugissant, éclatant.

D. Former un ou plusieurs noms composés avec chacun des mots suivants, et mettre au pluriel :

Couvre, garde, pied, relief, bande, taille, blanc, gagne, dent, emporte, neige, rouge, coq, chef, jour, œil, matin, Dieu, cerf, avant.

214. *A.* **Naufrage de l'Elbe.** (*Suite.*)

(*Tout d'un coup* ou *tout à coup*) un choc formidable secoua le navire. Le bruit se répandit bientôt qu'une collision [1] (*se produire*, pl.-q.-p.) avec un vapeur anglais, qui (*disparaître*, pl.-q.-p.) dans le brouillard, laissant dans les flancs de l'Elbe une épouvantable (*voix* ou *voie*) d'eau, par où les vagues (*mugissant*) s'engouffraient [2] (adv. dérivé de *bruit*).

Alors (*se produire*, pas. déf.) un tumulte, une panique [3] (épith. signif. *impossible à décrire*). (*Quelque*) passagers (épith. signifiant *devenu* ou *rendu fou*) (*se précipiter*, pl.-q.-p.) (*nu*) pieds et (*à demi*) vêtus sur le pont couvert de verglas et se heurtaient au milieu de l'obscurité, en poussant des cris (*déchirant*).

Cependant les (*officiers* et *matelots*) rivalisaient de sang-froid et se dévouaient à l'envi. (*Quelque*) graves avaries [4] qu'(*éprouver*, pl.-q.-p.) le navire, et bien que la mer devenue (*tout*) houleuse [5] l'(*assaillir*, imparf.) violemment, ils se faisaient (*fort*) de conjurer le danger. Malheureusement l'ouverture produite par la collision était plus grande qu'on ne le (*croire*, pl.-q.-p.). Déjà l'eau avait envahi la chambre des machines, ainsi que les parties (*contigu*) ; les entreponts (*même*) étaient inondés. (*Quelque*) efforts que l'on (*faire*, imp.), tout espoir était perdu. Le capitaine avec ses officiers le (*comprendre*, pas. indéf.). Une voix se fit entendre : « Les embarcations [6] à la mer [7] ! » et presque aussitôt retentit le terrible « sauve qui peut [8] ! »

1. Sens. — 2. Racine. — 3. 4. 5. Sens. — 6. 7. 8. Fonction.

B. **Ne m'oubliez pas.**

La terre est *un lieu* de *passage*.
Par bons et par mauvais *chemins*,
Il faut *poursuivre* le voyage :
Marchons, courageux *pèlerins*,

Et quand pour moi viendra cette *heure*
Qui met fin à tous les combats,
Afin que doucement je meure,
Mes amis, ne m'oubliez pas! (DE SÉGUR.)

Fonction des mots en italique. — Analyse logique des 4 derniers vers.

C. Former des phrases où les noms suivants soient employés : 1° comme sujets ; 2° comme compléments déterminatifs ; 3° comme noms mis en apposition ; 4° comme compléments directs ; 5° comme compléments indirects :

Pays, fleuve, montagne, travail, roi, ville.

D. Former avec les expressions suivantes des propositions : 1° indépendantes ; 2° incidentes ; 3° subordonnées :

L'enfant laborieux, — mensonge, péché, — l'âme immortelle.

215. *A.* **Naufrage de l'Elbe.** (*Suite et fin.*)

Alors se passa une des scènes (*le plus*) (*émouvant*) qu'on jamais (*voir*, au passé); chacun ne songeant plus qu'à (*lui-même*, ou *soi*), (*tout*) ces pauvres gens se ruèrent sur les canots avec une précipitation et un désordre qui (*devenir*, pas. déf.) (*fatal* [1]) à plus d'un. Les matelots (*eux-même*), qu'on (*voir*, pl.-q.-p.) montrer [2] d'abord un courage, une abnégation si (*héroïque*), cédèrent à la panique générale. Des [3] trois embarcations [4] qu'on (*réussir*, pl.-q.-p.) à lancer à la mer, la première coula aussitôt à fond sous la masse des passagers qui (*s'y précipiter*, pl.-q.-p.). Tous (*noyer*, pas. déf. passif), excepté une jeune femme et un enfant, qui au moment de disparaître dans l'abîme (*se sentir*, pl.-q.-p.) saisir par les cheveux et (*se voir*, pl.-q.-p.) recueillir dans une autre barque.

Pendant ce temps des cris d'angoisse partaient du transatlantique, où une foule de femmes et d'enfants (*affolé* [5]) (*supplier*, imparf.) qu'on les (*sauver* [6]). Hélas! il n'en [7] était plus temps [8]. Tandis [9] qu'on s'efforçait de couper les (subst. dérivé de corde) gelés qui retenaient les autres canots, un immense cri de désespoir se fit entendre. L'Elbe, secouée par les vagues, envahie (*tout*) entière par les eaux, s'inclinait de plus en plus. Un instant après, elle (*tournoyer*, pas. déf.) sur elle-même et (*disparaître*, pas. déf.) dans l'abîme avec toute sa cargaison humaine. Aussitôt les vagues (*bouillonnant*) retombèrent [10] sur le gouffre béant [11] avec un fracas épouvantable. Puis on n'entendit plus rien, sauf des râles [12], des prières, des imprécations (*même*) de (*quelque*) naufragés [13] qui, au milieu des épaves [14] (*flottant*), se débattaient dans les convulsions du désespoir.

(*Quand* ou *quant*) aux (*survivant*) qui, au nombre d'une vingtaine, avaient réussi à se jeter dans les (subs. dérivé de barque), ils étaient entassés pêle-mêle, (*à demi*) morts de froid et de frayeur. Après avoir erré à la merci des flots jusqu'à 10 h. 1/2 (en toutes lettres) du matin, ils (*recueillir*, pas. déf. passif) par des pêcheurs, qui leur prodiguèrent tous les soins (*possible*).

Tel [15] est, mon cher ami, le résumé [16] des divers renseignements que je (*pouvoir*, pas. ind.) recueillir sur ce naufrage, un [17] des plus terribles [18] qu'il (*y avoir* jamais, au passé), comme le (*prouver*, ind. pr.) le peu de détails que tu viens de lire. Le chrétien ne se contente pas de plaindre les victimes de cette catastrophe : il accorde un pieux souvenir dans ses prières à tant de malheureux qui (*se voir*, pas. ind.) précipiter dans l'éternité au moment où ils étaient peut-être (*les moins* ou *le moins*) (*près de* ou *prêts à*) paraître devant le souverain Juge.

1. Fatal est-il bien usité au masc. plur.? — 2. 3. 4. Fonction. — 4. 5. 6. Racine. — 7. 8. Fonction. — 9. Analyser les propositions. — 10. Sens du préfixe *re*. — 11. 12. Sens. — 13. Décomposer. — 14. Sens. — 15. 16. 17. 18. Fonction.

B. Ajouter un complément déterminatif à chacun des noms suivants :

Vagissement, glouglou, clapotage, hennissement, clappement, caquetage, pétillement, miaulement, roulement, grincement.

C. Compléter les mots suivants par *l* ou *ll* :

A-éatoire, a-ourdir, a-ambic, ra-entir, co-ibri, é-ixir, e-ébore, a-anguir, a-éger, e-ipse, pa-ette, o-ifant, pa-efroi.

D. **Le petit Savoyard.**

« Pauvre *petit*, pars pour la *France*.
« *Que te* sert mon *amour?* Je ne possède *rien*.
« On vit *heureux* ailleurs, *ici*, *dans* la *souffrance*.
« Pars, mon enfant, c'est pour ton *bien*. »

(GUIRAUD.)

Fonction des mots en italique.

216. *A*. Appliquer les règles :

(*Tout*) (*enivré*) du peu de résultats qu'elles (*obtenir*, pl.-q.-p.) en moins d'une (*demi*) année, ces personnes, oubliant les conseils de leur (*feu*) mère, (*s'imaginer*, pas. ind.) qu'elles pouvaient se passer de l'aide (*tout dévoué*), des conseils (*même*) de leurs amis. Aussi (*quel*) ne (*être*, pas. déf.) pas leur déception, ainsi que leur désespoir, lorsqu'elles (*s'apercevoir*, pas. antér.) que leur affaire prenait une (*tout*) autre tournure qu'elles ne (*penser*, pl.-q.-p.)! (*Tout*) honteuses de la témérité, de la folle présomption qu'elles (*montrer*, pl.-q.-p.), (*tout*) découragées par les déboires que leur incapacité ou leur inexpérience leur (*valoir*, pl.-q.-p.), elles eurent beau faire tous les efforts (*possible*) pour réparer un échec qui, dans (*tout*) autre circonstance (*être*, cond. pas. 2e f.), réparable. (*A demi*) ruinées par (*certain*) gens peu (*consciencieux*), elles (*s'estimer*, pas. ind.) trop heureuses de confier à des mains sûres le peu de fortune que les juifs leur (*laisser*, pl.-q.-p). Chose digne de remarque, elles se (*voir*, pas. ind.) secourir par ceux (*même*) envers lesquels elles (*se montrer*, pl.-q.-p.) (*le plus* ou *les plus*) défiantes.

Vous croyez (interrog.) qu'il viendra, sera arrivé demain, s'abstiendra, veut, sait, fuit.

Je pensais (négat.) qu'il viendrait, dirait, abrégerait, enverrait, recourrait.

B. Synonymes :

Traitement, gages, paye, appointements, salaire, honoraires, solde : Le médecin reçoit...; le soldat...; le fonctionnaire...; l'ouvrier...; l'employé...; le domestique...

C. Copier en deux alinéas les mots en italique, en mettant dans le premier les mots employés au propre, et dans le deuxième les mots pris au figuré :

A ces mots son visage *s'assombrit*. Le passe-temps [1] le plus agréable pour certaines personnes semble être de *noircir* [2] les autres. La *noirceur* du visage. La *noirceur* du caractère. Le *parfum* des fleurs. Le *parfum* des vertus. Le verre est *fragile*. Combien sont *fragiles* [3] les biens de la terre! L'égoïsme *refroidit* les âmes. Il s'est montré *froid* [4] à notre égard. Les *coups* de la fortune sont souvent terribles. Le *sourire* de l'enfant a quelque chose de céleste [5]. Le pâle *sourire* de l'automne. Durant la Révolution, le *trône* et l'*autel* furent l'objet des mêmes haines.

1. 2. 3. 4. 5. Analyser.

217. *A*. Corriger, s'il y a lieu :

Les père et mère; les officiers et soldats; les premier et second étage; la justice divine et humaine; c'est lui dont je me plains; c'est eux à qui je veux parler; la noble famille d'où il est issu; voici du bon pain; dire de bons mots; des grosses larmes lui tombent des yeux (Sév.); elle a l'air vieille; les langues française et italienne; les auteurs des XVIIe et XVIIIe siècles; se nourrir de poisson ou de chair crue; il commence par aller mieux; il a mal à son bras.

B. Trouver des noms formés de la même racine que les verbes :

Médire, croire, offrir, manier, satisfaire, réfléchir, agir, gouverner, nier, pleurer, braver, prendre, maudire, déduire, fleurir.

C. Rendre la 1re proposit. négative :

Il est certain qu'on les (masc.) (*voir*, pas. ind.) s'arrêter à Lyon. Je pense qu'il voudra bien nous aider. Ils croient que vous serez arrivés demain.

D. Former des propositions ou des expressions où *aigle*, *aide*, *couple* soient au féminin; où *demi*, *ci-joint*, *passé*, *excepté* restent invariables.

E. Compléter les mots suivants par le son **in**, avec l'orthographe voulue :

T-pan, r-, chapel-, libert-, jasm-, s-bole, s-ptôme, ven-, th-, b-, reg-, plant-, s-pathie, vacc-, pl-te.

218. *A.* (Ci-joint) la facture des marchandises que je vous (faire, pas. ind.) expédier aujourd'hui :

1° Une (demi) grosse de (porte-plume);
2° Trois douzaines et (demi) de gants de soie (noir);
3° (Quatre vingt cinq) mètres de rubans de soie (rose);
4° (Cinq cent) grammes d'huile d' (amande douce);
5° Trois (kilo) de gelée de (groseille);
6° Trois (cent) d'images (coloré ou colorié) ;
7° Six rames de papier (quadrillé);
8° Deux peaux de (tigre);
9° Trois (abat-jour) et deux (couvre-pied);
10° (Quatre vingt) (kilo) d'orge (mondé);
11° Un bouquet de (dahlia artificiel, semi double);
12° Un (litre) d'eau de (rose).

Ces divers articles vous seront livrés (franc de port), (y compris) une collection de (timbre-poste) et deux (specimen) de (gravure) que j'y (ajouter, pas. ind.) à titre de prime.

B. Former des phrases ou des expressions avec les mots suivants :

Panacée, escient, friche, heaume, falot, rafale, arène, gésier, tympan, radouber, à vau-l'eau.

C. Impér., 2e p. pl. :

Ouïr, vouloir, savoir, redire, médire, en déduire.

D. Noms dérivés des mots suivants :

Suspect, fier, rond, amer, pore, coulpe, plein, cité, soldat, ton, glace, œuf, sourd, nom, muet.

219. *A.* Appliquer les règles concernant les mots en italique :

Excepté celles de mon oncle et de mon cousin, les maisons de ce hameau sont *tout* anciennes ; mais *tout* vieilles qu'elles sont, elles ne laissent pas que d'offrir *tout* les commodités *possible*. *Quelque être* votre fortune ou votre savoir, assurez-vous de l'aide *dévoué* de vos amis. La barque que nous avons *vu* sortir, nous l'avons *vu* bientôt submerger par les flots au milieu des récifs *menaçant* dont la côte est *tout* hérissée. Tout l'équipage, excepté deux hommes, périt dans ce naufrage, l'un des plus *émouvant* qu'on ait jamais *vu*. — *Quel* ne (*être*, pas. déf.) pas notre émotion, notre saisissement ! — *C'être* les Espagnols qui apportèrent le chocolat en Europe vers l'an 1520 (en lettres).

B. Fut. s., 3e p. s. :

Protéger, assaillir, s'enquérir, bouillir, courir, cueillir.

Subj. prés., 2e p. s. :

Courir, rire, se dédire, se revêtir, croire, ressortir, extraire, alléger, rejeter, congeler.

C. Ajouter un compl. détermin. à chacun des noms suivants :

Frétillement, ramage, beuglement, tintement, frôlement, bourdonnement, froissement.

D. **Analyse.**

Lorsque les *habitants* de la *ville* de *Jéricho eurent appris que* Jésus *était venu, de* nombreux malades allèrent à sa rencontre. *Qu'il* était *touchant de voir* la confiance de ces malheureux ! Jésus, voyant *leur* foi, *leur* accorda *ce qu'ils lui* demandaient.

Fonction des mots en italique et nature des propositions.

E. Ind. pr., 3e pers. sing. et 1re pl. :

Déceler, interpeller, résoudre, révéler, s'asseoir, luire, ouïr.

220. *A.* Appliquer les règles :

(*Feu*) votre tante était (*tout*) cœur, (*tout*) bonté pour ses amis, pour ses ennemis (*même*). (*S'en aller*, impér.,

2° pers.) chacun (*à votre* ou *son*) poste, et restez-y, (*quoique* ou *quoi que*) ou vous (*dire*, prés.). Le peu d'explications que je vous (*donner*, pas. ind.) vous (*indiquer*, fut.) votre devoir. Les plus savants (*même*) se trompent. (*Quel*) gens sont-ils? De (*vrai*) gens de lettres, — de (*brave*) et (*bon*) gens. Les (*ciel*) de ces tableaux. Les (*œil*) du bouillon. (*Le beau*) hymne du Stabat. Les aigles (*impérial*). (*Quel*) aide pour ce malheureux qu'(*un*) couple de (*napoléon*)! (*Quelque*) (*être*, prés.) votre fortune et votre talent, (*quelque*) vastes connaissances que vous (*acquérir*, passé), (*tout*) assurée qu'(*être*, prés.) votre position et (*quoique* ou *quoi que*) vous puissiez attendre du dévouement de vos amis, il est nécessaire que vous (*prévoir*) l'avenir et que vous (*se créer*) le plus de ressources (*possible*). Etes-vous élus? — Nous (*le, les*) sommes. Etes-vous les invités? — Nous (*le, les*) sommes.

B. Profond, fleuri, doré, lumineux, sourd, orageux, retentissant.

Joindre chacun de ces adjectifs à deux des noms suivants, en l'employant 1° au propre, 2° au figuré :

Procès, démonstration, étang, moissons, style, pensée, tranche (*d'un livre*), débat, enfant, pré, point, temps, gémissement, cymbale.

C. Il me (*seoir*, ind. prés., fut. simple, subj. prés.).

Il (*échoir*, ind. prés., pas. déf., fut. s., subj. prés. et imparfait).

Partic. prés. et part. passé de :

Seoir (*être assis*), requérir, échoir, mouvoir, boire, absoudre, vêtir, maudire, médire, contraindre.

D. De la confiture / Des noyaux } de (*cerise*). Un groupe / Une voix } de (*femme*).

Une obéissance / Une troupe } d'(*esclave*). Des troupeaux / Des peaux } de (*bête*).

Des chaînes / Des sentiers } de (*montagne*).

221. *A*. **La noblesse.**

Que[1] sert ce vain amas d'une inutile gloire,
Si de tant de héros[2] illustres (synon.) dans l'histoire
Il[3] ne peut rien[4] offrir[5] aux yeux du monde (synon.)
Quo[6] de[7] vieux parchemins[8] qu'ont épargnés[9] les vers?
Si, tout[10] sorti qu'il est d'une source céleste (synon.),
Son cœur dément[11] en lui sa superbe origine,
Et, n'ayant[12] rien de grand[13] qu'un[14] sot orgueil (synon.),
S'endort dans une lâche et molle oisiveté?

On ne m'éblouit pas (syn. de pas) d'une apparence vaine ;
La vertu d'un cœur[15] noble est le signe (synon.) certain.
(BOILEAU-DESPRÉAUX, 1636-1711.)

1. 2. Fonction. — 3. Il : l'homme. — 4. 5. 6. 7. 8. Fonction. — 9. Pourquoi l'accord? — 10. Sens et fonction. — 11. Sens. — 12. 13. 14. Fonction. — 15. Fonction.

B.

Il faut / Il fallait — que tu / que vous — savoir, rire, croître, conclure, mouvoir, créer, se dévouer. acquérir, ployer, atteler, redire, concourir.

C. Former des verbes avec les mots suivants :

Crime, dédain, recours, certain, corps, semence, bât, scandale, injure, verbe, ton, foudre, pourpre, geste, frère, pacte, jambe, paon (*pavo*), bruit.

222. *A.* Expliquer les expressions suivantes :

Battre de l'aile ; mesurer les autres à son aune ; il faut détendre l'arc ; changer de batterie ; tant va la cruche à l'eau, qu'à la fin elle se casse ; faire la barbe à quelqu'un ; battre le pavé ; rire dans sa barbe ; l'appétit vient en mangeant.

B. Analyser les verbes suivants :

Je suis revenu, ils furent pris, s'être enfui, étant promis, étant arrivé, ayant été livré, s'étant plaint, je serais loué, je serais parti, devoir être averti, avoir dû céder.

C. **Les fleurs.**

Jeunes *enfants*, aimez les fleurs ;
Les fleurs sont votre heureuse image ;
La terre s'embellit de leurs fraîches *couleurs*,
Comme[1] de *grâces*, le jeune *âge ;*
De se *changer* en fruits pour vous,
Elles vous offrent l'espoir (synon.) ;
Votre aimable et riante enfance
Nous promet *des* fruits bien plus doux.
Veillez donc sur ces fleurs charmantes,
Veillez sur elles chaque *jour ;*
Arrosez leurs tiges naissantes,
Et protégez-les tour à tour
Contre les *saisons* inconstantes ;
Mais[2] en les cultivant avec un tendre soin,
O mes enfants, songez sans cesse
Que[3] vous avez aussi besoin
Qu'[4]on veille sur votre jeunesse ! (DE JUSSIEU.)

Fonction des mots en italique. — 1. 2. 3. 4. Analyser les propositions.

BIBLIOTHÈQUE NATIONALE R.F. IMPRIMÉS

TABLE DES MATIÈRES

PARTIE PRÉLIMINAIRE

Remarques sur l'Analyse.

PREMIÈRE PARTIE

Les différentes espèces de mots.

DEUXIÈME PARTIE

Récapitulation.

TROISIÈME PARTIE

R.F. BIBLIOTHÈQUE NATIONALE DÉPÔT LÉGAL

0,8996. — Bar-le-Duc. — Impr. de l'Œuvre de Saint-Paul. — 2639,96

www.ingramcontent.com/pod-product-compliance
Ingram Content Group UK Ltd.
Pitfield, Milton Keynes, MK11 3LW, UK
UKHW020257250726
13967UKWH00004B/1726

9 782011 913241